억압의 시대,

문학의 목소리

유왕무 지음

억압의 시대, 문학의 목소리

라틴아메리카 문학, 폭력을 증언하다

알렙

들어가며
폭력의 시대를 살아온 문학

폭력의 대륙, 문학의 증언

라틴아메리카는 지리적 특성만큼이나 풍부한 역사와 문화를 자랑하는 대륙이지만, 이 지역에서 두드러지는 특성 중 하나는 바로 반복되는 폭력과 억압의 역사다. 그 역사는 식민지 시대의 착취와 지배에서 시작하여, 근대화의 과정에서 점차 심화한 정치적 불안과 군사 독재로 이어졌다. 이러한 억압적 현실 속에서, 문학은 단순히 사람들이 겪은 고통을 기록하는 것에 그치지 않고, 고통을 극복하고 저항의 불씨를 지피는 중요한 역할을 해왔다. 문학은 바로 그 폭력적인 세계와 맞서 싸우며, 억압받는 이들의 목소리를 대변하는 도전이자 사회적 변화를 추구하는 실천이었다.

이 책은 그 시기의 라틴아메리카 문학을 탐구하고자 하는 시도이다. 20세기 중반, 라틴아메리카 대륙은 군사 독재와 정치적 불안정, 경제적 착취, 그리고 사회적 불평등의 시련을 겪었다. 이때 문학은 억압적인 정치적 환경 속에서 그 자체로 중요한 저항의 방식이 되었으며 폭력과 독재에 맞서 싸우는 무기가 되었다. 문학을 통해 작가들은 역사적 진실을 기록하고, 억압받는 민중의 목소리를 세상에 전하며, 그들의 고통을 예술적으로 승화하는 작업을 했다.

미겔 앙헬 아스뚜리아스, 가브리엘 가르시아 마르께스, 에두아르도 갈레아노, 아리엘 도르프만, 로돌포 왈쉬, 호세 까를로스 마리아떼기, 이 여섯 명의 작가는 각기 다른 스타일과 접근법을 통해 라틴아메리카의 억압적 현실을 조망하고 이를 문학적 형식으로 풀어냈다. 그들의 작품은 단순히 사회적 고발이나 역사적 기록에 그치지 않고, 문학이 사회적 변화를 위한 강력한 도전이 될 수 있음을 보여주는 중요한 사례들이다. 이들은 문학을 통해 폭력, 독재, 불평등 그리고 사회적 억압에 대해 목소리를 높였고, 이를 통해 사람들의 의식을 깨우고 저항의 불씨를 지폈다.

이 책은 각 작가들의 작품 세계를 탐구하면서, 그들이 어떻게 억압적 사회 구조와 싸웠는지, 그들이 문학을 통해 전하고자 했던 메시지가 무엇이었는지, 그리고 그 메시지가 어떻게 오늘날까지도 여전히 유효한지에 대한 질문을 던진다. 이 여섯 명의 작가는 각기 다른 문학적 접근과 스타일을 지니고 있다. 하지만 그들의 공통된 목표는 바로 억압받는 이들의 목소리를 대변하고, 사회적 불평등과 폭력에 대한 인식을 일깨우는 일이었다. 또한 그들의 문학은 저항의 힘을 믿고, 문학을 통해 사회적 변화를 추구하는 의식적인 실천이었다.

 이 책을 통해 우리는 라틴아메리카 문학의 깊은 내면을 들여다보며, 그들의 작품 속에 담긴 폭력과 억압에 대한 고발, 그리고 저항의 메시지를 체험할 수 있을 것이다. 또한 이 작품들이 단지 과거의 역사적 사실을 기록하는 데 그친 것이 아니라, 여전히 현재의 현실 속에서도 중요한 교훈을 제공하는 작품들이라는 사실을 깨닫게 될 것이다. 그들이 남긴 문학적 유산은 오늘날에도 여전히 사회적 변화를 위한 강력한 도전이자, 우리 모두에게 중요한 질문을 던지고 있다.

문학적 재생의 가능성과 의미

이 책을 통해 살펴볼 여섯 명의 라틴아메리카 작가들은, 각기 다른 시대적 배경과 사회적 맥락에서 폭력과 억압에 맞서 싸우며 그들의 문학을 통해 저항의 목소리를 높였다. 이들 모두는 라틴아메리카 대륙에서 벌어졌던 폭력과 억압에 대한 반응으로서 문학을 창작했다. 그들의 작품은 인간 존재의 근본적인 물음과 사회적 부조리에 대한 저항 방법을 탐구하며, 라틴아메리카뿐만 아니라 전 세계 독자들에게 깊은 인상을 남겼다.

 이들은 자신이 살아온 시대와 사회의 고통을 예술적인 형식으로 표현하면서, 문학이 사회적 변화를 촉진하는 중요한 역할을 할 수 있다는 것을 입증했다. 그들의 문학은 단순히 과거의 사건을 기록하거나 이야기하는 데 그치지 않았다. 그 시대의 문제들을 비판하고, 억압받는 이들의 목소리를 대변하며, 독자들에게 현실의 부조리와 불평등을 직시하게 했다. 또한 그들의 작품은 단지 문학적 경계를 넘어, 정치적·사회적·심리적 의미를 담아내며, 인간의 자유와 존엄성을 지키는 방법을 모색하게 했다. 그들의 작품은 폭력과 억압에 맞서는 강력한 저항의 목소리가 되었다.

그러나 그들의 문학은 과거의 고발에만 그치지 않았다. 그들의 작품이 여전히 중요한 이유는, 그들이 다룬 폭력과 억압이 결코 과거의 일이 아니기 때문이다. 오늘날에도 많은 지역에서 독재, 폭력, 인권 유린, 빈곤과 불평등이 존재하고, 그로 인한 고통은 여전히 이어지고 있다. 따라서 이들의 문학은 단지 과거를 이해하는 데 그치지 않고, 오늘날의 사회적 현실에 대한 중요한 성찰을 제공하며, 현재와 미래의 변화를 위한 메시지를 전달한다.

이 책을 통해 독자들은 라틴아메리카 문학이 어떤 방식으로 억압의 역사에 저항했는지를 깊이 이해하고, 문학이 어떻게 사회적 변화를 이끄는 힘이 될 수 있는지 새롭게 인식하게 될 것이다. 또한 이들의 문학이 제공하는 교훈은 단순히 문학적 차원을 넘어, 우리가 살고 있는 사회의 부조리와 불평등을 어떻게 직시하고, 그것에 저항할 수 있을지를 고민하게 할 것이다. 궁극적으로 이 책은 라틴아메리카 문학의 중요한 저항적 가치를 재조명하며, 독자들에게 그들의 목소리가 여전히 중요한 이유를 되새기게 할 것이다.

이 책은 오랜 연구와 고민의 결실이다. 폭력의 시대를 살아온 문학과 그것을 만들어낸 작가들에게 깊은 경의를 표하며, 이 책이 그러한 목소리를 더 널리 알리는 데 기여하기를 바란다.

2025년 7월
유왕무

CONTENTS

들어가며: 폭력의 시대를 살아온 문학

제1장 라틴아메리카 독재자 소설과 폭력의 문학적 재현 · 11
『대통령 각하』와 『족장의 가을』을 중심으로

제2장 군부 독재 시대에 대한 집단적 기억과 증언 · 37
에두아르도 갈레아노의 『사랑과 전쟁의 낮과 밤』을 중심으로

제3장 폭력의 역사와 문학적 기억 · 63
『백년의 고독』 속 바나나 농장 파업을 중심으로

제4장 침묵을 넘어선 기록, 독재 정권에 맞선 내면의 목소리 · 97
아리엘 도르프만의 작품을 중심으로

제5장 사실과 허구의 조화를 통한 시대의 증언 · 137
로돌포 왈쉬의 작품을 중심으로

제6장 호세 까를로스 마리아떼기와 인디헤니스모 · 177
페루 혁명의 사상적 토대

참고문헌 · 205

| 일러두기 |

제1장 「라틴아메리카 독재자 소설과 폭력의 형상화」는 「중남미 소설에 형상화된 독재 체제와 독재자」(《배재대 인문논총》, 제12집, 1997)를 수정·보완했다.

제2장 「군부독재 시대에 대한 집단적 기억과 증언」은 「갈레아노 작품에 나타난 역사적 현실과 창조적 형상화」(《세계문학비교연구》, 제17집, 2006)를 수정·보완했다.

제3장 「폭력의 역사와 문학적 기억」은 『백년의 고독: 마술적 리얼리즘으로 승화된 라틴아메리카의 역사』(살림출판사, 2008)를 수정·보완했다.

제4장 「침묵을 넘어선 기록: 독재 정권에 맞선 내면의 목소리」는 「아리엘 도르프만의 작품에 나타난 역사적 현실과 문학적 창조」(《이베로아메리카연구》, 제9권 2호, 2008)를 수정·보완했다.

제5장 「사실과 허구의 조화를 통한 시대의 증언」은 「아르헨티나 현대사의 증언자 로돌포 왈쉬의 문학세계」(《이베로아메리카》, 제14권 1호, 2012)를 수정·보완했다.

제6장 「호세 까를로스 마리아떼기와 인디헤니스모: 페루 혁명의 사상적 토대」는 「마리아떼기 작품에 나타난 사회주의적 전망」(《서어서문연구》, 제15호, 1999)을 수정·보완했다.

제 1 장

라틴아메리카 독재자 소설과 폭력의 문학적 재현:

『대통령 각하』와 『족장의 가을』을 중심으로

1 라틴아메리카의 독재자 소설

(1) 라틴아메리카 군부 독재와 폭력 정치의 확산

라틴아메리카의 독재 정권은 오랜 세월 동안 지역 사회에 깊은 영향을 미쳐 왔다. 19세기 이후 권력은 소수에게 집중되었고, 군부의 개입은 반복적으로 이루어졌다. 이는 정치적 불안정을 초래했으며, 대중과 지식인들은 이러한 구조를 직접적으로 비판하거나 접근할 기회를 얻기 어려웠다. 작가들 역시 독재자와 권력 중심부에 가까이 다가갈 수 없었지만, 국가의 현실을 외면할 수 없는 존재인 만큼, 자신들이 목격하고 체험한 독재에 대해 글을 쓰지 않을 수 없었다.

 작가들은 다양한 방식으로 독재를 조명했다. 가르시아 마르께스(Gabriel García Márquez, 1927-2014)는 신화적이고 마술적인 상상력을 이용했고, 알레호 카르뻰띠에르(Alejo Carpentier, 1904-1980)는 역사적·문화적 관점에서 접근했다. 바르가스 요사(Mario Vargas Llosa, 1936)는 사회 전체의 모습을 구현하며 권력의 본질을 탐구했다. 이러한 다양한 시도는 라틴아메리카의 역사적 전환점을 조명하는 중요한 작업이었으며, 특히 '독재자 소설'로 불리는 작품들은 특정 시대만을 반영하는 것이 아니라, 전체 역사 속에서 다양한 시대적 흐름을 배경으로 등장했다.

독재자 소설의 주요 주제는 권력과 폭력의 문제다. 19세기 자유입헌주의를 지나 20세기 동안 두 차례의 세계대전을 거치면서 파시즘의 영향을 깊이 받았다. 이 과정에서 대의민주주의가 유일한 정치 모델이 되지 못하고, 민중민주주의와 독재 체제가 공존하게 되었다. 특히 1930년대 경제 대공황 이후 군부의 정치적 개입이 더욱 심화되었다.

아르헨티나에서는 1930년 이뽈리또 이리고옌(Hipólito Yrigoyen, 1852-1933)이 군부 쿠데타로 실각한 이후, 군부의 개입이 5차례 더 발생했다.[1] 군부 쿠데타의 명분은 정치 안정과 경제 회복이었지만, 볼리비아의 사례처럼 독립 이후 9개월마다 한 번씩 군부 개입이 이루어질 정도로 정치적 혼란이 지속되었다. 반면 파라과이에서는 알프레도 스뜨로에스네르(Alfredo Stroessner, 1912-2006) 장군이

---

1) 1943년 민족주의 장교단의 쿠데타로 까스띠요 정권이 붕괴했고, 1955년 후안 도밍고 뻬론이 에두아르도 로나르디 장군에 의해 축출되었다. 1962년 아르뚜로 프론디시가 투옥되면서 상원의장 마리아 기도가 집권했으며, 1966년 까를로스 잉가니아 장군이 아르뚜로 일리아 정권을 무너뜨렸다. 1976년 후안 도밍고 뻬론의 후처 이사벨 뻬론이 라파엘 비델라에 의해 실각했다.

1954년부터 1989년까지 장기 집권을 하며 독재 체제를 유지했다.

독재 정권은 정통성이 부족한 정치 구조 속에서 절대 권력을 가진 '까우디요(Caudillo)' 형태로 발전했다. 이들은 종종 신화적 존재처럼 묘사되며, 독특한 일화들을 남기기도 했다. 예를 들어, 산따 안나(Antonio López de Santa Anna, 1794-1876) 장군은 1833년부터 1855년까지 11차례 멕시코 대통령을 지내면서 절단된 자신의 다리에 장례식을 열었다. 엘살바도르의 막시밀리아노 에르난데스 마르띠네스(Maximiliano Hernández Martínez, 1882-1966)는 1931년부터 13년 동안 독재자로 군림하며 농민 봉기를 무력으로 진압했다. 1930년대 말 페루의 베나비데스(Óscar Raymundo Benavides, 1876-1945)와 브라질의 바르가스(Getúlio Vargas, 1882-1954)는 파시스트적 언어를 이용해 민주주의를 비판했다. 후안 도밍고 뻬론(Juan Domingo Perón, 1895-1974)은 무솔리니를 추종하는 정치적 경향을 지니면서도 중국의 문화혁명을 참고했으며, 1955년 쿠데타로 실각했으나 1973년 다시 대통령직에 올랐다.

라틴아메리카에서 군부 개입은 언제나 폭력과 함께했다. 그 때문에 이 지역의 정치적 특성을 설명할 때 '환상적 사실'과 함께 피비린내 나는 '공포적 사실'이 언급된다. 폭력은 역사 속에서만 존재하는 것이 아니라 언어와 상상을 통해 현재까지도 살아 숨 쉬고 있다. 이러한 이유로, 라틴아메리카 문학 비평에서 언어와 폭력, 상상과 폭력의 문제는 지속적으로 중요한 테마로 자리 잡고 있다.

(2) 독재자 소설의 형성 과정과 폭력의 문학적 재현

라틴아메리카의 독재자 소설은 다양한 방식으로 폭력과 권력을 탐구해 왔다. 일부 작품들은 역사적 인물을 정확하게 복원하려고 시도했으며, 다른 일부는 상징적이고 총체적인 인물을 창조적으로 형상화하는 데 초점을 맞췄다.

후안 마누엘 데 로사스(Juan Manuel de Rosas, 1793-1877)는 아르헨티나 문학에서 중요한 소재가 되어 왔다. 에스떼반 에체베리아(Esteban Echeverría, 1805-1851)의 『도살자(El matadero)』(1871), 호세 마르몰(José Mármol, 1817-1871)의 『아밀리아(Amalia)』(1851), 도밍고 파우스띠노 사르미엔또(Domingo Faustino Sarmiento, 1811-1888)의 『파꾼도(Facundo, o civilización y barbarie)』(1845)에서는 그의 통치와 독재적 성격이 서술의 중심을 이루었다. 페루의 메르쎄데스 까베요 데 까르보네라(Mercedes Cabello Llosa de Carbonera, 1845-1909)는 『모반자(Las consecuencias)』(1890)에서 독재자 레기아를 집중 조명했으며, 베네수엘라의 뻬드로 마리아 모란떼스(Pedro María Morantes, 1865-1918)는 『두목(El gran duque)』(1910)을 통해 씨쁘리아노 까스뜨로(Cipriano Castro, 1858-1924)를 신랄하게 비판했다. 루피노 블랑꼬-폼보나(Rufino Blanco-Fombona, 1874-1944)는 『아이언맨(El hombre de hierro)』(1907)에서 후안 비센떼 고메스(Juan Vicente Gómez, 1857-1935)의 폭정을 이야기했다. 다만 『파꾼도』를 제외하면, 이러한 작품들은 문학적 실험보다는 독재자의 잔혹성을 강조하는 기록물의 성격이 강하다.

독창적인 문학적 가치를 지닌 본격적인 독재자 소설은 바예-인끌란(Ramón María del Valle-Inclán, 1866-1936)의 『폭군 반데라스(Tirano Banderas)』(1926) 출간을 기점으로, 본격적으로 자리 잡았다. 그는 단순한 사실 전달을 넘어 자유로운 상상력을 통해 독재 체제의 본질을 탐색하며 예술적 가치를 인정받았다. 이후 독재자 소설은 보다 발전하여 마르띤 루이스 구스만(Martín Luis Guzmán, 1887-1976)의 『까우디요의 그늘(La sombra del caudillo)』(1928), 미겔 앙헬 아스뚜리아스(Miguel Ángel Asturias, 1899-1974)의 『대통령 각하(El Señor Presidente)』(1946), 호르헤 살라메아(Jorge Zalamea, 1905-1969)의 『영웅 부룬둔 부룬다 사망하다(El gran Burundún-Burundá ha muerto)』(1952), 데메뜨리오 아길레라 말따(Demetrio Aguilera Malta, 1909-1981)의 『장군의 피랍(El secuestro del general)』(1973), 알레호 까르뻰띠에르의 『수단의 복원(La resurrección de los ídolos)』(1974), 아우구스또 로아 바스또스(Augusto Roa Bastos, 1917-2005)의 『나, 지존(Yo, el Supremo)』(1974), 가르시아 마르께스의 『족장의 가을(El otoño del patriarca)』(1975) 등이 대표적이다. 이러한 작품들은 독재자와 그들의 권력 구조를 다양한 방식으로 탐구하며, 민중을 억압하는 절대 권력의 실체를 드러낸다.

『대통령 각하』는 1924년에 완성되었지만 1946년에 출간되어, 라틴아메리카 최초의 본격적인 독재자 소설로 평가받는다. 한편, 『족장의 가을』은 『백년의 고독(Cien años de soledad)』 출간 8년 후 발표된 가르시아 마르께스의 야심작으로, '붐' 소설 시기의 마지막 독재자 소설로 평가된다. 두 작품은 종종 연관성을 가지고 논의되

〈그림 1〉• 중남미 독재자 소설의 계보를 작품과 출간 연도로 설명하고 있다.
출처: FUEGO COTIDIANO.

지만, 아스뚜리아스는 독재 체제가 사회에 미치는 영향을 중점적으로 다룬 반면, 가르시아 마르께스는 독재자의 내면과 정신적 특성을 탐구하며 서구 제국주의와의 관계를 조망했다.

2 『대통령 각하』: 폭력적 독재 체제의 실체

(1) 독재 체제의 창조적 서사

『폭군 반데라스』가 더욱 빛을 발하게 된 것은 1946년 『대통령 각하』의 출간 덕분이다. 두 소설이 유사한 분위기를 자아내고 있기 때문이다. 『대통령 각하』가 쓰인 연대에 대해서는 여러 가지 설이 있으나, 어쨌든 1920년대에 마침표를 찍은 이 작품이 호르헤 우비꼬(Jorge Ubico Castañeda, 1878-1946) 독재 정권이 무너진 후인 1946년에 발간된 것도 재미있는 일이다. 이 작품에서 그리고 있는 독재자는 호르헤 우비꼬가 아니라, 1898년부터 1920년까지 독재를 한 마누엘 에스뜨라다 까브레라(Manuel Estrada Cabrera, 1857-1924)를 모델로 삼고 있다. 그럼에도 불구하고 그렇게 오래 출판이 금지된 것으로 미루어 보더라도, 이 책이 내포하고 있는 독재자들에 대한 비난이 어느 정도인지를 짐작할 수 있을 것이다.

『대통령 각하』는 라틴아메리카 독재 체제를 리얼리즘적이며 동시에 환상적으로 제시하고 있다. 작품의 중심은 독재자가 아니라 독재 체제이다. 비록 작품 전체에 드리워진 대통령 각하의 그림자를 진하게 느끼더라도 실제로는 동장 횟수가 매우 적다. 대통령 각하는 단지 6번(V-VI, XIV, XIX, XXXV, XXXVII장에서) 등장할 뿐인데, 마치 사탄이 지옥의 모든 활동을 지배하고 실제 독재자가 국가의 모든 활동을 지배하는 것처럼, 모든 장에서 동기화 작용을 하고 있다. 아스뚜리아스가 창조한 체제 안에서 독재자의 직접적 참여가 적음에도 불구하고, 독재자가 지닌 초자연적 신비스러움으로 인해, 작품 속에 창조된 체제를 마음대로 조종할 수 있었다.

세이무어 멘톤(Seymour Menton, 1927-2014)은 그의 작품에 대해 '과테말라', '마누엘 에스뜨라다 까브레라', '1898-1920' 등의 몇 가지 요소를 근거로 제시하며 "그의 초자연적 전망은 한 나라의

〈그림 2〉· 『대통령 각하』의 모티프가 된 과테말라 마누엘 에스뜨라다 까브레라 대통령.
출처: 위키피디아.

한정된 독재 시대에 제한되어 있다"[2]고 평가한 바 있다. 그러나 실제로 그의 소설 어디에도 행위 발생의 지정학적 위치나 근원에 대한 징후나 흔적이 나타나 있지 않다. 그와 반대로 아스뚜리아스가 작품에서 창조해 낸 세계는 라틴아메리카 전체를 상징하는 것이다. 따라서 '대통령 각하'가 마누엘 에스뜨라다 까브레라가 아니라면 아마도 동일한 폭정을 행사한 또 다른 독재자가 그에 해당할 것이다.

---

[2] Seymour Menton, "La novela experimental y la república comprensiva de Hispámericana", recogido en Juan Loveluck, *La novela hispanoamericana*, Santiago de Chile: Editorial Universitaria, 1969, pp. 256-257.

(2) 폭력과 공포의 일상화

아스뚜리아스의 『대통령 각하』는 독재 체제가 개인의 인격과 개성에 미치는 영향을 깊이 탐구하는 작품이다. 독재자에 대한 두려움이 사회의 유일한 결집력을 형성하며, 정상적인 가치들은 왜곡된다. 대통령은 악의 화신이 되어 숭배의 대상이 되고, 선행을 하는 자는 오히려 처벌을 받는다. 현대 사회에서 개인의 삶은 점점 더 비인격화되고, 전화, 총, 화약, 기차 같은 기술적 발명품들이 독재자의 의지를 강요하는 도구로 사용된다. 독재자는 신하들의 인격을 무력화하고, 인간적 가치와 관계를 파괴하면서 오직 자신의 권력을 공고히 하는 데 집중한다.

이러한 상황에서, 문명화된 도시에서는 정상적인 삶을 유지할 수 없으며, 농촌 지역에서 살아가는 일부 인물들만이 인간다운 삶을 누릴 수 있다. 이는 아스뚜리아스가 자연주의적 성향을 지닌 작가임을 보여주는 부분으로, 그에게 행복한 삶은 자연과 조화를 이루는 삶이며, 도시 문명은 악에 더 쉽게 노출되는 공간으로 그려진다.

작품 전반에 걸쳐 지배적인 분위기는 공포이다. 대통령에서 거리의 거지까지 모든 인물이 두려움 속에서 살아가며, 대통령의 군법회의 사법관(司法官)이 이 공포를 더욱 확산하는 역할을 한다. 독재자는 국가 곳곳에서 발생하는 사건을 철저히 감시하며, 첩자들조차 서로 경쟁하며 정보를 조작한다. 공포가 점차 확대되면서 독재자 자신도 불안감에 사로잡혀, 수많은 경호원들 사이에서 밤낮

〈그림 3〉• 시위대를 진압하는 경찰들.
출처: Sora.

으로 긴장 속에 살아간다. 그는 잠을 이루지 못한 채 채찍을 손에 들고 깨어 있으며, 전화기를 항상 곁에 둔다. 그의 두려움은 더욱 가혹한 탄압 정치로 이어지며, 법적 절차 없이 무자비한 구속이 이루어진다. 특히 학생들조차 특별한 이유 없이 투옥되는데, 이는 독재자가 학생이라는 신분 자체를 위협적인 존재로 간주하고 있음을 보여준다. 아스뚜리아스는 익명의 학생을 비롯한 죄수들의 대화를 통해 감옥의 음울한 분위기와 인간성 파괴의 과정을 생생하게 묘사한다.

　독재자의 절대적 권력 아래에서 인간성은 처참하게 파괴된다. 독재자는 까라 데 앙헬의 결혼식을 거미줄에 걸린 파리의 운명에

비유하며 희열을 느끼고, 그의 얼굴에 토한 후에도 까라 데 앙헬이 자신보다 독재자를 먼저 돌보게 만드는 장면을 통해 정신적 압박이 인간의 존엄성을 얼마나 쉽게 마비하는지를 보여준다.

그런데도, 라틴아메리카의 독재자들은 권력을 정당화하기 위해 헌법을 존중하는 모습을 보이려 한다. 이는 자신의 정치적 지배를 합리화하는 유일한 방법이기 때문이다. 따라서 독재자들은 '대통령'이라는 명칭을 유지하려 하고, 선거라는 제도를 통해 권력을 지속하려 노력한다. 결과적으로 국민은 사회적 계층과 관계없이 압박을 받아 대통령의 재선이 자신의 안전과 연결된다는 믿음을 가진다.

(3) 독재 분위기의 창조적 표현

아스뚜리아스는 『대통령 각하』에서 암울하고 무거운 분위기를 조성하기 위해 여러 장치를 활용한다. 그중에서도 핵심적인 요소는 '빛'이다. 작품 전체를 살펴보면, 등장인물들의 행동은 대체로 어둠 속, 밤중, 혹은 감옥 안에서 이루어진다. '빛', '불', '광명'을 뜻하는 'lumbre' 같은 단어들이 빈번하게 사용되며, 이는 작품의 전체적인 암울한 분위기를 강조하는 기능을 한다. 빛과 그림자는 상징적인 의미를 지니며, 대부분의 장(章)은 새벽이 밝아오면서 마무리된다.

서사 구조는 세 개의 주요 부분으로 구성된다. 첫 번째는 1916년 4월 21일부터 23일까지의 사건을 다루는 I장-XI장, 두 번째는 24일부터 27일까지의 이야기로 이루어진 XII장-XXVII장, 마지막 부분은 비교적 장기간을 포함하며 주, 달, 년 등 시간이 폭넓게 흐르는 XXVIII장-XLI장이다. 아스뚜리아스는 전지적 작가 시점을 활용하여 등장인물 하나하나를 마치 영화 카메라로 추적하듯 묘사하며, 독자들이 사건의 흐름을 놓치지 않도록 구성했다. 이는 독재자가 국가 전체를 지배하는 방식과 유사하며, 작가는 작품의 구조를 철저히 장악하려는 의도를 보여준다. 또한 공적인 사회뿐 아니라 꿈, 환각, 광기, 사색을 통해 등장인물들의 내면을 탐구하는 방식도 사용되었다. 때때로 제임스 조이스적인 독백 기법을 활용하여 인물들이 자신의 심리를 분석하고, 이러한 독백이 어느 순간 대화로 전환되기도 한다.

『대통령 각하』는 아스뚜리아스의 시적 언어 사용이 돋보이는 작품이다. 은유와 비유, 신조어 창출, 의성어 등을 적극적으로 활용하여 작품의 무거운 주제를 문학적으로 부드럽게 전달한다. 그는 언어가 자연과 인간, 상황을 연결하는 중요한 도구라고 강조했으며, "lógico, ilógico, relógico, recontralógico, ilolológico, requetecontralógico(논리적인, 비논리적인, 다시 논리적인, 엄청 논리적인, 말도 안 되게 비논리적인, 정말 정말 논리적인)" 같은 표현을 통해 독창적인 언어유희를 보여주었다.

이 작품의 연출 방식은 바예-인끌란의 『폭군 반데라스』와 유사하지만, 『대통령 각하』는 라틴아메리카의 현실을 더욱 강렬하고 감각적으로 표현했다는 평가를 받는다. 아스뚜리아스가 구축한 세계는 실제 라틴아메리카의 독재 체제와 밀접한 유사성을 가지며, 특정 사건이나 시간, 공간에 얽매이지 않아 어느 독재자의 실체를 분석하는 데도 유효한 구조를 지닌다.

3 『족장의 가을』: 절대 권력과 폭력의 신화화

(1) 신화적 독재자의 형상화

가르시아 마르께스는 『백년의 고독』을 통해 라틴아메리카의 신화적이고 마술적인 요소를 극적으로 형상화했지만, 그 작품이 모든 역사의 총체라고 보는 것은 한계가 있다고 지적했다. 그는 권력과 독재 문제를 깊이 탐구하지 못했기에, 그 부분을 보완하는 작품으로 『족장의 가을』을 내놓았다.

『족장의 가을』은 라틴아메리카에서 반복된 독재 정권과 권력 집중의 문제를 신화적이면서도 역사적인 시각에서 묘사하는 작품이다. 『백년의 고독』과는 달리 권력의 본질과 독재자의 심리를 보다 직접적으로 탐구하며, 독재가 어떻게 개인과 사회를 변화시키는지를 문학적으로 풀어냈다. 가르시아 마르께스가 『백년의 고독』에서는 신비롭고 장대한 서사로 현실을 재구성했다면, 『족장의 가을』에서는 권력의 고독과 부패를 적나라하게 드러냈다.

가르시아 마르께스는 라틴아메리카의 현실을 온전히 이해하기 위해서는 까우디요, 족장, 추장들이 지닌 신비롭고 절대적인 권력의 성격을 핵심적으로 파악해야 한다고 주장했다. 까를로스 푸엔

떼스(Carlos Fuentes, 1928-2012) 또한 이에 동의하며, 라틴아메리카의 근본적인 양극단이 '자연'과 '독재자'라고 보았다.

『족장의 가을』에서 가르시아 마르께스가 형상화한 독재자는 독특한 외양을 지닌 존재다. 두꺼운 무명천으로 만든 군복을 입고, 묵직한 군화를 신으며, 왼발 뒤꿈치에는 황금 박차를 단 모습으로 등장한다. 그의 외모는 세월의 무게를 담고 있으며, 모든 늙은 존재들보다 더 오래된 듯한 느낌을 준다. 이름조차 명확히 밝혀지지 않으며, 출생에 대한 정보도 불분명한 이 인물은 신비로운 모습으로 그려진다. 그는 자신이 머무르는 공간을 철저히 감시하며 신분을 특정할 단서를 남기지 않았고, 5천 명이 넘는 자식들 가운데 단 한 명을 제외하고는 모두 이름이 없다는 점 또한 특기할 만하다.

이 인물은 수 차례 죽음을 맞이했으나 다시 살아나는 신비를 지니고 있으며, 그의 나이는 107세에서 232세까지 변동된다. 이로 인해 그는 라틴아메리카의 독립 이후 모든 시대를 살아왔을 것이라는 인상을 준다. 사람들은 수 세기에 걸쳐 지속된 그의 지배를 보며, 마침내 그의 권력이 영원할 것이라는 믿음을 갖는다. 반면, 그의 폭압적인 성격 탓에 저항 세력은 성장할 기회를 얻지 못했다. 그는 극도로 잔혹한 통치를 이어갔다. 죄수를 항구의 해자에 던져 악어에게 잡아먹히게 했으며, 사람들의 피부를 산 채로 벗겨 가족에게 보내는 끔찍한 방식으로 공포를 조성했다. 이러한 폭력은 결국 공권력으로 제도화되었고, 눈에 보이지 않는 억압과 제거 활동이 조직적으로 진행되면서도 그 실체조차 파악할 수 없을 만큼 은밀하게 유지되었다. 책임을 물을 대상도 없었으며, 조직의 이름이나 위치 또한 어디에서도 확인할 수 없었다.

    그는 실제의 적뿐만 아니라 가상의 적들까지 처단하며 공포 정치로 권력을 유지했다. 미국의 개입은 그의 지배력을 더욱 공고히 했으며, 전함을 통해 권력을 안정화하는 대신 국가 자원을 빼앗아 갔다. 내부적으로 그의 권력은 확장되었으나, 외부적으로는 열강 세력에 점차 종속되었다. 이런 구조 속에서 족장은 가해자이면서 동시에 피해자가 되었다. 군사적·경제적으로 우위에 있는 외세에 맞서지 못하고, 결국 침략당하는 존재가 되었다. 가르시아 마르께스는 외국 제국주의의 약탈을 통해 라틴아메리카가 서구 열강에 착취당하는 현실을 문학적으로 형상화하려 했다.

(2) 제국주의와 독재 체제의 관계

가르시아 마르께스는 『족장의 가을』에서 마꼰도가 아닌 카리브해의 작은 나라를 공간적 배경으로 설정한다. 작품 속에서 구체적인 지명이 언급되지는 않지만, 역사적으로 '라 에스빠뇰라(La Española)' 즉 현재의 도미니카 공화국과 관련이 있다는 해석도 있다. 그러나 이 작품의 공간적 배경은 특정 국가에 국한되지 않으며, 카리브 세계, 더 나아가 라틴아메리카 전체의 축소판으로 기능한다.

    시간상으로는 16세기부터 19세기와 20세기까지 3세기에 걸친 억압적 체제와 외세의 침략 역사를 형상화하고 있다. 16세기에는 스페인의 식민 지배를 받던 카리브해가 20세기 들어 미국의 영향권에 편입되었으며, 미국은 강력한 전투함을 앞세워 자국민의 생명과 재산을 보호한다는 명목으로 작은 나라들에 개입해 왔다. 다른 라틴아메리카 지역과 마찬가지로 그들은 파괴, 약탈, 점령을 자행하고 이를 기회 삼아 불평등 조약을 체결하며, 자신들의 이익을 대변하는 괴뢰 정권을 세웠다.

이렇게 등장한 정권들은 미국의 지원을 등에 업고 독단적 통치를 펼치며, 독재자들은 자신과 협력자들의 부를 축적하는 데만 집중한다. 최근에는 단순한 정치적 지배를 넘어 경제적·문화적 종속을 강화하며, 라틴아메리카에 대한 미국의 헤게모니를 더욱 공고히 하려는 신식민주의 정책을 추진하고 있다. 가르시아 마르께스는 이러한 구조를 반영하여 카리브 세계를 소설 속에서 재창조하고자 했다.

그는 또한 외세의 착취 욕구를 풍자적으로 묘사한다. 『백년의 고독』에서는 미국의 다국적 바나나 회사가 경제적 착취를 하는 모습을 강조했지만, 『족장의 가을』에서는 카리브해 자체를 매입하려는 제국주의적 야욕을 묘사했다. 그들의 목표가 카리브해라면, 그 밖의 자연 자원을 착취하는 것은 당연한 순서였다. 독립 전쟁 이후 외국 차관 이자를 갚기 위해 불가피하게 새로운 융자를 얻어야 했고, 그 과정에서 영국인들에게 키니네와 담배 전매권을 넘겨야 했으며, 네덜란드인들에게는 고무와 코코아 독점권을, 독일인들에게는 철도와 하천 교통권을 양보해야 했다. 호세 이그나시오 사엔스 데 라 바라(José Ignacio Sáenz de la Barra)의 갑작스러운 몰락과 공개적인 죽음을 계기로, 이러한 조치들이 미국과의 '비밀 결탁'에 의해 이루어졌다는 사실이 드러났다. 이는 실제 라틴아메리카 역사 속에서 반복된 정치·경제적 종속의 과정이며, 가르시아 마르께스는 이를 풍자적으로 표현하고 있다.

그뿐만 아니라, 그는 『족장의 가을』에서 제국주의의 유산으로 함께 유입된 서구형 전염병과 도덕적 타락에 대한 경계를 드러낸다. 황열병이 창궐하여 거리마다 시체 더미가 널브러지고 악취가 진동하자, 족장은 전염병 사태를 선포하여 노란 깃발을 게양하고 항구를 폐쇄하며, 일요일을 금지하는 조처를 내렸다. 더불어 군대를 동원하여 포고령을 시행하고, 감염자들을 군인들의 뜻에 따라 처리하도록 명령했다. 이를 통해 군인들은 신분을 불문하고 사람들을 공개 처형했고, 정권에 순응하지 않는다고 의심되는 이들의 집에는 특별한 표식을 남겨 지속적인 감시와 괴롭힘을 가했다. 한편, 미국에서 급파된 위생 사절단은 민중의 치료에는 관심을 두지 않고, 오직 대통령 관저의 안전만을 보장하는 임무를 수행했다.

가르시아 마르께스가 『족장의 가을』에서 바라본 미국은 예술가들에게 동성애를 강요하고, 성경과 매독을 가져오며, 사람들에게 삶이 자유분방한 것이며 돈만 있으면 모든 것을 얻을 수 있다고 믿게 하는 존재였다. 또한 흑인들을 전염병의 원인으로 몰아 인종 갈등을 조장하고, 동성애와 같은 도덕적 타락과 금전 만능주의를 확대해 갔다. 그 결과, 가족과 공동체 중심으로 형성되었던 전통적인 인간관계는 경제적 부에 따른 계층 구조로 재편되었고, 수평적 사회 구조는 점차 수직적 위계로 굳어졌다.

이러한 사회적 변화는 『백년의 고독』에서 바나나 회사의 유입으로 인해 발생한 구조적 변화와 유사한 양상을 보인다. 경제적 부를 독점하는 계층, 종교 세력, 제국주의 세력이 서로 결탁하며 일반 대중의 삶은 점점 더 황폐해졌다. 가르시아 마르께스는 이처럼 경제적·사회적 구조를 적나라하게 드러내면서, 제국주의 세력과 결탁하여 자신들의 부만을 챙기는 정치·종교 권력을 고발하고, 점점 더 극단적인 빈곤 속에서 살아가는 민중의 역사적 현실을 재현하고자 했다.

(3) '고독'의 늪에 빠진 독재자

가르시아 마르께스의 『족장의 가을』은 카리브해의 소유를 두고 벌어지는 양키들과 족장 간의 갈등을 중심으로 전개된다. 양키들에게 자신의 땅을 내주면서도 족장은 미련과 향수에 빠지고, 결국 이 감정은 깊은 고독으로 귀결된다. 그는 가해자이면서 동시에 피해자로 전락하는데, 민중을 억압하는 압제자이자 동시에 제국주의의 희생양이 된다. 민중을 감옥에 가두는 독재자인 동시에 제국주의에 의해 감금된 존재가 되는 것이다. 이 같은 모순적 위치에서 족장은 끊임없는 고독을 느끼며, 독자들은 그의 악행에도 불구하고 인간적인 연민을 느낄 수밖에 없다.

  무력한 족장은 결국 양키들이 원하는 모든 것을 내주고, 심지어 자기 첩까지 빼앗긴다. 인생의 황혼기에 이르러 그는 자신이 제국주의의 꼭두각시에 불과했다는 현실을 깨닫는다. 그러나 이 깨달음은 그의 불안과 상실감을 더욱 심화할 뿐이었다. 늙은 코끼리처럼 무거운 발을 질질 끌며 텅 빈 궁전에서 잃어버리지 않은 무언가를 찾기 위해 헤매는 그는, 이제 그저 고독한 존재에 불과하다.

가르시아 마르께스 작품의 가장 중요한 주제 중 하나가 바로 '고독'이다. 『백년의 고독』에서는 부엔디아 가문의 여섯 세대에 걸친 고독을 다루고, 「고양이 뱃속의 에바(Eva está dentro de su gato)」에서는 미녀의 고독을 조명한다. 『족장의 가을』에서 그려지는 고독은 권력의 쇠퇴와 함께 찾아오는 무기력한 고독이다. 이는 단순히 권력의 약화로 인한 것뿐만 아니라, 의사소통의 단절과 사랑의 결핍에서 비롯된다. 족장은 영구적일 것처럼 보이는 절대 권력을 지니고 있지만, 통치의 즐거움을 누리는 대신 넓고 황량한 궁전에서 홀로 외로운 시간을 보내는 존재다. 그는 신뢰할 동료도, 마음을 터놓을 친구도 없다. 오히려 주변의 모든 사람이 자신을 배신할 가능성이 있다고 의심하며 살아간다. 이런 불안감이 고립을 가속화하며, 그의 삶은 더욱 쓸쓸해진다. 어머니의 죽음과 사랑하는 여인과의 이별은 그의 깊은 고독을 더욱 증폭하는 요소다.

가르시아 마르께스는 『족장의 가을』을 통해 족장 자신이 만든 체제에서 족장이 스스로 갇히는 모습을 보여주고 있다. 그가 바라보는 권력은 화려함과 권위가 아닌, 오히려 외로움과 공허함으로 점철된 것이다.

이 작품은 카리브 연안 국가들, 나아가 라틴아메리카 전체가 서구, 특히 미국의 경제적 제국주의에 의해 침략당한 역사를 반영한다. 가르시아 마르께스는 카리브 지역에서 태어나 어린 시절 미국 '연합청과회사(United Fruit Company)'의 바나나 노동자 학살 사건을 목격했으며, 이에 대해 강한 분노와 반감을 품고 있었다. 사회주의적 성향과 반제국주의적 이념을 지닌 그는 이런 역사적 맥락을 바탕으로 『족장의 가을』을 탄생시켰다.

작품 속 족장은 권력에 싫증을 느끼며, 세계의 흐름을 이해하지 못하는 편집광적이고 고독한 존재로 묘사된다. 가르시아 마르께스가 형상화한 '족장'의 모습은 라틴아메리카를 폭력과 억압으로 물들인 수많은 독재자의 상징적 표현이다. 독재자인 동시에 제국주의에 의해 이용당한 그의 죽음은 결국 독재 체제와 제국주의의 침략이 라틴아메리카에서 끝나기를 바라는 작가의 염원을 담고 있다.

4 라틴아메리카 독재자 소설의 미학적 창조

라틴아메리카는 통일성을 지닌 동시에 지역마다 고유한 특성이 있다. 씨쁘리아노 까스뜨로, 로사스, 뻬론, 바르가스, 에스뜨라다 까브레라, 뜨루히요 같은 인물들은 모두 독재자로서 민중에게 고통을 안겨준 공통점을 지닌다. 하지만 각자의 정치적 환경과 문화적 배경이 달랐기 때문에 그들의 독재 방식과 문화적 양상에도 상당한 차이가 존재한다. 이에 따라 이들을 다루는 독재자 소설 역시 서로 다른 특성을 띨 수밖에 없다. 독재자를 묘사하는 방식도 다양하게 나타나며, '독재자'라는 단어뿐만 아니라 '까우디요', '지휘자', '조종자', '압제자', '폭군', '원수', '족장', 심지어 '지존'

〈그림 4〉· 왼쪽부터 미겔 앙헬 아스뚜리아스의 『대통령 각하』,
라몬 델 바예-인끌란의 『폭군 반데라스』,
가르시아 마르께스의 『족장의 가을』.

이라는 표현까지 사용된다.

　미겔 앙헬 아스뚜리아스의 『대통령 각하』는 바예-인끌란의 『폭군 반데라스』의 영향을 많이 받았음에도 불구하고, 라틴아메리카 문학사에서 독재자 소설 장르의 새로운 출발점으로 평가받는다. 아스뚜리아스는 절대 권력을 휘두르는 독재자가 지배하는 라틴아메리카의 현실을 조명하며, 이를 통해 사회 전반을 이해하는 새로운 방식을 제시했다. 그의 작품 속 '대통령 각하'는 라틴아메리카 독재자의 전형적인 모습으로 평가되며, 이는 단순한 사회적 표현의 탁월함 때문이 아니라, 정교한 이미지 형상화를 통해 서술 구조가 내용과 형식에서 일관성을 이루었기 때문이다.

　아스뚜리아스의 글쓰기는 특유의 미학적 특징을 지닌다. 그의 문장을 거치면 본래 추악한 속성을 지닌 것들조차 문학적으로 아름답게 표현된다. 독재라는 암울한 현실도 그의 서술 속에서는 강렬한 시적 언어로 승화된다. 이러한 기법은 그의 언어 활용 방식에서 잘 드러난다. 그는 아이러니, 비유, 은유, 풍자, 알레고리 등을 자유자재로 사용하여 독특한 서정적 작품을 창조해 냈다.

반면,『대통령 각하』가 독재자 개인보다는 독재 체제의 구조적 모순을 부각하는 데 중점을 두었다면, 가르시아 마르께스의『족장의 가을』은 절대 권력의 추구가 어떻게 인간의 내면을 파괴하고 결국 고독으로 귀결되는지를 탐구한다. 그는 독재자의 심리를 파헤치면서 절대 권력에 대한 집착이 인간 소외와 비인간화의 과정과 연결된다는 점을 강조한다. 동시에 사회적 차원에서는 권력과 폭력의 연관성을 조명하며, 공포와 탄압, 혼란을 통해 유지된 권력 구조를 드러낸다.

가르시아 마르께스는『족장의 가을』에서 족장의 비정상적인 권력 집착과 내면의 불안, 그리고 제국주의의 개입이 이러한 행동을 더욱 조장하고 있음을 보여준다. 그러나 이 작품이 문학적으로 높은 평가를 받게 된 것은―『대통령 각하』와 마찬가지로―그의 독창적인 시적 표현 덕분이다. 문학 평론가 앙헬 라마는 이 작품을 "메타포의 끊임없는 축적"[3]이라고 표현했으며, 가르시아 마르께스 역시 이 점을 다음과 같이 설명한 바 있다.

---

3) Angel Rama, *La novela hispanoamericana 1920-1980*, Bogotá: Instituto Colombiano de Cultura, 1982. p. 449.

『족장의 가을』에서는 스타일이 문제였다. 만약 그 소설을 고전적이고 전통적인 방식으로, 아카데믹하고 상투적인 구조로 서술했다면, 단순한 전기로 남았을 것이다. (……) 그리고 그 어떤 전기라도 나의 것보다 나았을 것이다. 라틴아메리카의 현실, 특히 카리브해 독재자의 권력 수준을 고려하면, 그 자체가 완전히 환상적 형태로 드러날 수밖에 없다. (……) 그런 상황에서 내가 현실과 맞설 수 있는 유일한 무기는 문학이었고, 시였다. 그렇게 해서 잔혹하고, 피비린내 나는, 괴기스러운 세계가 완전히 서정적인 방식으로 다루어지게 되었으며, 『족장의 가을』은 450페이지에 달하는 산문시의 형태로 탄생한 것이다.[4]

---

[4] W. Mauro y E. Clementelli, *Los escritores frente al poder*, Barcelona: Luis de Caralt, 1975, p. 207.

군부 독재 시대에 대한 집단적 기억과 증언:

에두아르도 갈레아노의
『사랑과 전쟁의 낮과 밤』을 중심으로

1 행동하는 지성, 에두아르도 갈레아노

문학 작품에서 예술적 가치를 판단하는 중요한 기준 중 하나는 작가가 해당 사회의 본질적 가치를 얼마나 깊이 이해하고 이를 작품 속에서 효과적으로 반영하는가에 있다. 이러한 관점에서 우루과이의 에두아르도 갈레아노(Eduardo Galeano, 1940-2015)는 뛰어난 문학적 성취를 이루어 온 대표적인 작가로 평가된다.

1940년 몬테비데오에서 태어난 갈레아노는 가톨릭 집안에서 자랐다. 정규 교육을 제대로 받지 못한 그는 10대 시절부터 공장 노동자, 간판장이, 심부름꾼, 은행 직원 등 여러 직업을 전전하며 생계를 이어갔다. 14세 때 좌파 기관지인 《엘 솔》에 정치 만화를 처음 투고한 것을 계기로 여러 신문과 잡지에 글과 만화를 발표하

〈그림 1〉・에두아르도 갈레아노.
출처: 위키피디아.

며 언론계에 발을 들였다. 1960년대에는 유력 주간지 《마르차》의 편집을 맡으며 저널리스트로서 두각을 나타냈고, 이후 《에뽀까》에서도 편집자로 활동했다. 1973년 군사 쿠데타로 인해 투옥되었고, 출소 후 아르헨티나로 망명하여 《끄리시스》 잡지를 창간했다. 그러나 1976년 아르헨티나에서도 군사 쿠데타가 발생하자 다시 스페인으로 피신해야 했다. 1985년 우루과이에 민주 정부가 들어서면서 귀국한 그는 2015년 작고할 때까지 꾸준히 작품 활동을 이어갔다.

갈레아노는 문학적 공로를 인정받아 여러 차례 수상했다. 1975년 『우리들의 노래(*La canción de nosotros*)』, 1978년 『사랑과 전쟁의 낮과 밤(*Días y noches de amor y de guerra*)』으로 '까사 데 라스 아메리까스' 문학상을 받았으며, 1993년에는 덴마크 출판사의 '알로아' 상을 수상했다. 이후 1998년 우루과이 문부성 상을 수상했고, 1999년에는 미국 란난 재단에서 문학상을 받았다. 그의 작품은 라틴아메리카의 모순과 자본주의 문명 속에서의 부조리를 끊임없이 탐구하며 시대적 문제를 제기하는 작가 의식과 역사적 통찰력을 보여준다.

갈레아노는 저널리즘을 바탕으로 다양한 장르의 글쓰기를 시도하면서, 독재 권력에 대한 저항과 사회적 부조리를 고발하는 작업을 지속했다. 그가 발표한 작품들은 독자들에게 현실을 직시하고 변화에 대한 필요성을 깨닫게 했으며, 그를 행동하는 지성의 대표적 인물로 자리 잡게 했다.

그의 문학적 접근 방식은 기존의 역사 기록을 날조하거나 은폐한 공식적 서사에 대한 도전을 포함한다. 그는 기존의 역사적 서술을 뒤집어 대중에게 더 진실한 라틴아메리카의 역사를 알리는 것이 중요하다고 보았다. 현실에 대한 공동의 인식을 민중 속에 심어주는 것이야말로 부조리한 사회 구조를 변혁하는 첫걸음이라는 신념을 바탕으로 했다.

특히 『사랑과 전쟁의 낮과 밤』은 군부 독재가 지배하던 시대의 암울한 현실을 살아낸, 혹은 그 속에서 희생된 인물들의 개인적이면서도 집단적인 증언을 담고 있다. 이 작품은 1940년대와 1950년대 작가의 유년 시절부터 시작해서 1960년대의 과테말라, 브라질, 볼리비아의 전쟁 시기를 거쳐 1977년 6월까지의 다양

〈그림 2〉・에두아르도 갈레아노의 『사랑과 전쟁의 낮과 밤』.

한 이야기들을 포괄한다. 그중에서도 특히 1973년부터 1976년까지 조국 우루과이와 아르헨티나에서 벌어진 군사 독재를 집중적으로 조명한다. 1978년 스페인 망명 시절 출간된 이 작품은 그가 1975년에 이어 두 번째로 '까사 데 라스 아메리까스' 문학상을 받는 계기가 되었으며, 독재 정권 아래에서 고통받는 민중의 삶과 역사적 억압에 대한 문제를 지속적으로 제기하는 그의 작가 정신이 다시 한번 인정받았다.

갈레아노는 이 작품에서 복잡한 서사 구조나 세밀한 인물 묘사를 통해 새로운 세계를 창조하지는 않는다. 하지만 그의 언어 사용 방식은 독창적이며, 현실을 바라보는 시각 또한 신선하다. 역사적 사실을 기반으로 하면서도 핵심을 찌르는 은유, 적절한 유머, 현실을 비꼬는 반어법, 간결한 역설, 비유적 압축 등을 활용해 강렬한 인상을 남기는 방식으로 현실을 형상화했다.

2 개인의 기억을 넘어 역사의 서사로

에두아르도 갈레아노의 『사랑과 전쟁의 낮과 밤』은 134개의 단편 에세이로 구성된 작품으로, 작가로서의 글쓰기와 기자로서의 글쓰기를 융합한 첫 번째 시도였다. 그는 자신의 경험과 관심사를 회고 형식으로 펼치며 정치·사회적 문제와 연결 짓는 방식으로 기존 증언 문학이 가진 한계를 극복하려 했다.

작품 서두에서 갈레아노는 "여기에 이야기한 것은 모두 실제로 일어난 일이다. 내가 기억에 남는 대로 기록했다. 그 수가 얼마 안 되지만, 몇몇 이름은 가명이다"라고 밝히며, 이 작품이 자전적 성격을 띠고 있음을 시사한다. 그러나 그는 자신의 목소리를 최소화하고, 본인의 기억에 의존해 사건을 기록하면서도 주변 인물들이 보고, 듣고, 느낀 것만을 전달하는 데 집중한다. 특정 시간과 장소, 실명의 사용은 이야기가 역사적 사실을 바탕으로 하고 있음을 드러낸다.

비록 많은 증언이 포함되어 있지만, 이 작품은 단순한 연대기가 아니다. 짧은 이야기들은 고백이 되기도 하고, 교훈이나 타인에 대한 경의로 변모하기도 한다. 화자는 자신의 기억을 다른 사람들의 기억에 빌려주고 보태는 역할을 하며, 이를 통해 현실의 신화적 진실을 드러낸다. 또한 특별한 주인공 없이, 에세이마다 다른 인물이 등장하는데, 때로는 이름조차 없는 등장인물들도 있다. 갈레아노는 개인의 기억들이 모이면 집단의 목소리와 기억이 형성될 수 있다는 믿음을 가지고 있었고, 이를 통해 독재와 사회적 부조리가 라틴아메리카에서 지속되는 문제임을 강조하려 했다. 그의 작품은 군부 독재가 끝난 뒤에도 여전히 남아 있는 사회적 과제들을 조명하며, 어떻게 해결해야 할 것인지 문제를 제기하는 방식으로 작동한다.

갈레아노는 『포옹의 책(El libro de los abrazos)』(1989) 제사(題詞)에서 '기억하다(recordar)'라는 단어가 라틴어 're-cordis'에서 유래했으며, '가슴을 스치고 지나가다'라는 뜻을 지닌다고 설명한다. 그는 개인적·집단적 기억을 통해 숨겨진 역사를 되살리고, 역사적 진실을 탐색하는 것이 작가로서 중요한 역할이라고 믿었다. 그래서 그는 실제 사건만을 기억에 남는 대로 기록하여 이 작품을 완성했다. 갈레아노는 "나의 기억은 소중한 것을 간직할 것이다. 나의 기억이 나보다 더 많은 것을 알고 있다. 기억은 마땅히 간직해야 할 것을 잃어버리지 않는다"[1]라고 말할 정도로, 기억의 힘을 신뢰했다.

그에게 기억은 집단적 정체성을 형성하는 중요한 요소였다. 『사랑과 전쟁의 낮과 밤』에서 그는 자신의 개인사를 회고하면서,

---

[1] Eduardo Galeano, *Días y noches de amor y de guerra*, Montevideo: Arca Editorial, 1978, p. 10.

〈그림 3〉• 잡지 《끄리시스》 1986년 4월호의 표지.

자신이 어떻게 사회 비판적인 글쓰기에 이르렀는지, 군부 정권의 억압적 통제가 당시 어떤 수준이었는지를 자연스럽게 보여준다. 즉, 자서전적 고백을 통해 역사를 다시 조명하고자 한 것이다.

예를 들어, 그는 자신이 두 차례 죽음의 고비를 맞았던 순간을 떠올린다. 첫 번째는 열아홉 살 때 겪은 교통사고였고, 두 번째는 서른 살에 베네수엘라에서 걸린 말라리아 때문이었다. 투병 생활 중 그는 끝없는 가난의 굴레에서 벗어나지 못하는 벽촌 원주민들을 만나며, 그들의 선한 삶을 목격했다. 그는 그들의 이야기를 글로 쓰는 것이 자신이 사랑을 표현하는 방식이며, 곧 자신의 천직임을 깨닫는다. 이 두 번째 죽음의 고비는 갈레아노에게 있어 자기 자신, 즉 '나'의 상징적 죽음인 동시에, 집단적 의식의 개안기라고 할 수 있다. 이후 글쓰기에 몰두한 그는 저널리스트로 자리 잡으며, 아르헨티나에서는 문화 잡지 《끄리시스(Crisis)》를 창간하기도 했다.

『사랑과 전쟁의 낮과 밤』에서는 《끄리시스》의 창간과 폐간에 대한 많은 이야기가 등장한다. 이는 단순한 개인적 회고가 아니라, 그 시대의 역사적 흐름을 반영하려는 작가의 의도를 담고 있다.

1973년 창간된 《끄리시스》는 대중에게 문화를 전파하고 올바른 역사 인식을 심어주는 것을 목표로 삼았다. 갈레아노에게 문화란 집단 기억과 정체성을 포함하며, 동시에 사회의 억압적 요소를 고발하는 역할을 한다. 《끄리시스》는 학교에서 역사가 기만적으로 교육되고 있음을 폭로하며, 다국적 기업들의 음흉한 거래에 대한 분석도 실었다. 이 잡지는 인간을 경시하고 물질을 숭상하는 구조, 경쟁과 소비 중심의 체제를 강하게 비판하며 대중의 인식을 깨우치는 데 주력했다.

그러나 1976년 라파엘 비델라 장군이 군사 쿠데타를 일으키면서 정권을 장악했고, 군부는 대중 매체를 철저히 통제하기 시작했다. 결국 《끄리시스》도 폐간당하고 만다. 갈레아노는 폐간 과정을 직접적으로 기술하지 않지만, 편집자 후안 헬만의 망명, 제작자 루이스 사비니의 실종, 동료 비센떼에 대한 경찰의 살해 위협, 동료 기자 산띠아고 꼬바드로프의 기사 삭제, 우익 단체인 '아르헨티나 반공산주의 연맹(AAA)'의 위협 등을 통해 정부의 압력이 얼마나 가혹했는지를 묘사한다. 또한 그는 인플레이션을 '눈에 보이지 않는 검열관'이라고 비판하면서, 창간호 가격의 40배에 달하는 가격 인상이 독자들의 접근을 차단하는 교묘한 억압 방식임을 지적했다.

《끄리시스》가 폐간된 것은 단순한 잡지의 종말이 아니라, 아르헨티나의 문화적 후퇴와 정치적 암흑기의 도래를 의미했다. 이 잡지는 군부 독재 시대의 청량제 역할을 했으며, 우루과이에서도 금서로 지정될 정도로 널리 읽혔다. 「부에노스아이레스, 1975년 7월: 강을 건너는 사람들(Buenos Aires, Julio de 1975: Los hombres que cruzan el río)」에서는 우루과이에서 한 달에 한 번씩 사람들이 강을 건너 이 잡지를 읽으려는 모습을 그리고 있다. 이는 《끄리시스》가 독자들에게 얼마나 중요한 존재였는지를 보여준다. 갈레아노는 이를 통해 글쓰기의 사회적 책무를 깨닫는다.

그는 글쓰기가 단순한 표현 행위가 아니라, 억압적 체제에 대한 저항이라는 신념을 갖고 있었다. 작가는 사람들로 하여금 현실을 인식하도록 돕는 존재이며, 예술은 집단적 정체성을 드러내는 수단이므로 사치가 아닌 필수적인 요소라고 강조했다.

『사랑과 전쟁의 낮과 밤』에서 이러한 저항 정신은 강하게 구현된다. 갈레아노는 '우리'라는 주어를 사용하며 소외된 자들과의 공감대를 형성하고, 개인적 경험을 드러냄으로써 집단적 정체성을 형상화하려 한다. 그의 개인적 고통이 라틴아메리카 전체 민중의 고통과 연결됨을 보여준다. 따라서 그의 자전적 이야기는 단순한 개인사가 아니라, 역사적 증언으로서의 의미를 지닌다.

그렇다고 해서 이 작품이 단순한 고발 문학에 머무르는 것은 아니다. 『사랑과 전쟁의 낮과 밤』이라는 제목에서도 반대어를 환유적으로 사용하여 삶과 죽음, 공포와 기쁨, 개인과 사회 간의 균형을 유지하면서 긴장 관계를 설정하고 있다.

지금까지 갈레아노의 개인적 문학 및 출판 활동을 중심으로 살펴본 이유는 그것이 단순히 한 작가의 삶을 조명하는 것이 아니라, 아르헨티나를 비롯한 라틴아메리카 여러 국가가 직면한 사회적 문제와 정치적 의미를 파악하는 데 중요한 요소이기 때문이다. 그의 경험은 개인 차원을 넘어 시대의 흐름과 맞닿아 있으며, 이를 통해 당대의 사회적 갈등과 모순을 깊이 들여다볼 수 있다. 이제부터는 갈레아노가 군부 독재의 현실과 사회적 부조리 체제를 어떤 시각으로 바라보고, 이를 어떻게 문학적으로 표현했는지 구체적으로 살펴보자.

3 억압의 그림자 속에서 피어난 집단적 기억

『사랑과 전쟁의 낮과 밤』에서 '기억'은 현실에 대한 증언의 필요성에 의해 중요한 도구로 사용된다. 그는 자신과 주변 사람들의 경험에 대한 기억을 통해 당시 라틴아메리카에서 휘몰아치던 군부 독재의 소용돌이가 얼마나 강력했으며, 그로 인해 민중이 당한 고통의 무게가 얼마나 심각했는가를 되살리고 있다. 그는 〈부에노스아이레스, 1976년 1월, 재회〉에서 독재 시절의 공포 분위기를 끄리스띠나의 꿈으로 표현한다. 꿈에서 계단 발자국만 들어도 기겁한다.

끄리스띠나가 단지 갈레아노를 만났다는 이유만으로 기관에

〈그림 4〉・1976년 쿠데타에 성공한 아르헨티나의 호르헤 라파엘 비델라의 모습.
출처: 위키피디아

잡혀가서 겪은 고초가 너무 커서 이제는 그곳에 있는 꿈을 꾸는 것만 해도 두렵다. 전기고문, 물고문, 성고문을 당한 그녀의 기억은 독자들에게 군부 독재의 비인간적 테러가 어느 정도였나를 짐작하게 한다. 갈레아노는 군부의 원시성과 야만성을 인신 공양에 비유한다. 군부 유혈 테러의 일상성은 고대 아스테카 문명의 인신 공양 의식을 떠올리게 할 정도로 야만적이고 원시적이다.

독재 탄압은 국민에게 언제, 어떻게, 어떤 일을 당할지 모른다는 극도의 공포심을 조장한다. '언제', '어떻게'보다는 '왜' 끌려가서 반체제 인사로 규정될지 모른다는 것이 더 큰 공포심을 조장한다. 특별한 이유와 확실한 잘못이 없어도 늘 불이익을 받을 수 있다는 가능성이 국민을 불안하게 만든다는 것이다. 공포심에 젖어 있는 일반인들 역시 눈에 드러나진 않으나 감옥에 있는 것과 같다. 그들이 사는 사회 전체가 바로 눈에 보이지 않는 공포의 감옥이다. 해고의 공포, 일자리를 구하지 못하리라는 공포, 말하는 공포, 듣는 공포, 읽는 공포 등등.

이 작품 전체를 지배하는 기호는 '공포'다. 온 국민이 아침 식사로 '공포'를 먹었고, 점심때도 '공포'를 먹었으며, 저녁 식사 때도 '공포'를 먹고 살던 시절이다. 이쯤 되면 국민은 점차 말과 행동에 대해 자기 검열을 한다. 이렇게 각 시민이 냉혹한 검열관으로 변할 때, 검열은 비로소 위력을 발휘한다. 독재 정부가 경찰서뿐 아니라 각 개인의 집마저도 감옥으로 바꾸어 놓는 것이다. 갈레아노는 바로 이 점을 염려하는 것이다. 개인의 자유는 사라지고 전 국토의 감옥화가 이루어지기 때문이다.

이런 과정을 거쳐서 독재 정권이 목표로 하는 것은 국민이 겨울 추위를 받아들이듯 공포를 기꺼이 받아들이고 익숙해지도록 가르치는 것이다. 갈레아노는 독재의 파렴치를 고발한다. 브라질에서는 1964년에 군부 쿠데타가 발생하고 알렝까르 까스뗄로 블랑꼬(Humberto de Alencar Castelo Branco, 1897-1967)가 대통령이 되었다. 그해 처음으로 고문을 당해 죽은 사람이 나타났고, 고문으로 죽은 열 번째 사람은 서류도 작성되지 않았으며, 쉰 번째는 아예 '보통'으로 받아들여졌다. 이 정도면 라틴아메리카에서 고문은 이제 '국가적 관습'이 되고, 라틴아메리카에서 유일한 발전을 이룬 것은

〈그림 5〉• 1976년 아르헨티나 쿠데타 발발 48주년을 맞아
5월 광장에서 항의 시위에 나선 시민들.

출처: The Guardian.

산업기술과 과학기술이 아니라 바로 '고문의 기술'이라 해도 과언이 아니다. 오히려 이런 '창조적인 공로'에 대해 인정할 필요가 있다고 갈레아노는 비꼰다.

아르헨티나에서는 1976년 중반에 사형이 형법에 구체화되었지만, 사람들은 매일 재판도 선고도 받지 못한 채 죽임을 당했다. 대부분의 희생자는 실종자로 처리되고 시체조차 찾을 수 없었다. 아르헨티나 국민은 테러당한 자, 투옥된 자, 땅에 묻힌 자, 그리고 추방당한 자들로 나누어진다고 비판할 정도다. 당시 군부 독재의 잔혹성이 어느 정도인지 짐작하게 한다. 그리고 이 놀라운 기술은 라틴아메리카 다른 나라에 수출되어 위력을 발휘한다.

마침내 민중의 영혼에 남은 건 오직 불확실성에 대한 공포뿐이다. 공포의 문화가 지배하는 곳에서는 오히려 자유가 더 무섭다. 라틴아메리카 대중은 이미 자유를 부여받고도 두려움에 벌벌 떤다. 토끼장 문을 열어줘도 밖으로 도망가지 못하는 집토끼 신세와 똑같다. 소위 '폐쇄 공포'의 단계를 지나 '광장 공포' 수준까지 이른 것이다.

공포의 문화는 국민에게 이기주의와 거짓말을 가르친다. 이 점이 독재가 저지른 또 하나의 범죄다. 정부는 국민이 결속하지 못하도록 조종하고 통제한다. 자기 자신을 구하기 위해서는 남을 경계해야 한다. 내 생각을 말한다면 상대방이 나를 파멸시킬지도 모르기 때문에 내 생각을 함부로 얘기해서는 안 된다. 이웃은 경쟁자이자 적이다. 학생들은 친구를 고발하고 아이들은 선생님을 고발하도록 요구받는다.

이런 독재 정권의 정신적 압박은 곧 영혼의 말살이다. 그리고 그 영혼을 말살하기 위해 독재 정권이 사용하는 가장 효과적인 방법은 침묵의 강요다. 갈레아노는 말과 의사소통의 중요성을 너무 잘 인식하고 있기에, 『포옹의 책』에서 인간의 목소리에 대해 갈채를 보내고 있다. 〈인간의 목소리에 대한 갈채(4)〉에서는 인간에 대한 침묵의 강요는 '개를 서서 짖게 하는 것'과 같다고 비유한다.

그에게는 라틴아메리카 국가들의 거리 곳곳에서 일어나고 있는 무력투쟁 못지않게 자유로운 영혼을 위한 투쟁 또한 매우 중요한 의미를 지닌다. 그래서 『사랑과 전쟁의 낮과 밤』에서 〈거리의 전쟁, 영혼의 전쟁〉이라는 소제목을 일곱 번이나 사용한 것이다.

그가 생각하는 자유로운 영혼은 자유로운 의사소통을 의미한다. 『포옹의 책』의 〈인간의 목소리에 대한 갈채(2)〉에서, 우루과이 독재 당시 권력자들이 소통을 죄악시하며 개인의 침묵을 강요하자 말은 손으로, 눈으로 혹은 무엇을 통해서든 기어코 말한다고 확신했다. 포승이나 수갑으로 팔이 묶여 있어도 손가락이 춤을 추듯 날아다니면서 글씨를 쓰고, 독방의 벽을 두드리는 신호로 자신들의 꿈과 기억, 사랑과 증오에 대해 말하는 죄수들을 아직도 기억하고 있다.

라틴아메리카 국가들이 문명사회로 빠르게 편입되면서 겪는 허상과 문화적 소외도 영혼의 황폐화에 기여하고 있다. 갈레아노는 〈끼또, 1976년 2월, 대학에서의 대화〉에서, 본질은 변하지 않고 외형만 변해 가는 라틴아메리카의 모습에서 라틴아메리카의 영혼이 마비되는 것을 안타까워한다. 인간의 의식을 조작하고, 현실을 감추며, 창조적 상상력을 질식시키는 대중문화에 대해 주의를 환기하고 문화적 종속이 점차 깊어짐을 우려한 것이다. 그는 경제-문화적으로 강대국의 종속 상태에 빠진 라틴아메리카의 처지를 보티첼리의 그림 「봄」에 나타난 여인의 모습에 비유한다.

이렇듯 갈레아노는 군부 독재 정권에 대한 작가 자신을 포함한 개인과 집단의 기억을 되살리면서 당시의 잔혹함과 참담한 현실을 고발한다. 또한 그런 현실로 인해 파생된 라틴아메리카인의 육체적, 정신적 피폐상이 어느 정도였는가를 창조적으로 형상화하고 있다. 이는 유괴당한 아메리카의 역사, 특히 애증의 땅 라틴아메리카의 역사를 구출하는 데 일조하고자 하는 작가의 노력이다.

4 사회적 억압과 구조적 모순의 폭로

갈레아노는 라틴아메리카 사회 체제의 부조리를 일관되게 들춰내며 현실을 직시하도록 만든다. 그중에서도, 사회에 만연한 빈부차이, 독재 정권에서 비롯된 권력층의 부패상, 선진국에 의한 신식민주의 등을 신랄하게 꼬집고 있다. 갈레아노가 가장 중시하는 핵심적 부조리 체계는 극심한 빈부격차다. 그는 과테말라의 까스띠요 아르마스 집권 시절, 이름 없는 두 사람의 대화를 통해 이 문제를 풍자한다.

"혁명이 바다에서 바다로 번진다네. 온 나라가 무기를 들고 일어서고 있어. 내 눈으로 똑똑히 지켜볼 참이네……."
"그러면 모든 게, 모든 게 변하게 될까?"
"뿌리까지."
"그러면 우린 더 이상 무보수로 일하지 않아도 될까?"
"물론이지."
"더 이상 짐승 취급도 안 받고?"
"아무도 다른 사람을 소유할 수 없지."
"그러면 부자들은 어떻게 되지?"
"부자란 더 이상 없을 거야."
"그렇다면 누가 가난한 사람들한테 추수한 값을 주지?"
"가난한 사람들도 없을 거야. 모르겠어?"
"가난한 사람도 없고 부자도 없다고?"

"부자도 없고 가난한 사람도 없어."

"그렇지만 그때는 과테말라에 사람이 남아 있지 않을 거야. 왜냐하면, 알다시피, 여기서는 부자가 아닌 사람은 다 가난하거든."[2]

비록 짧은 대화지만, 당시 과테말라의 경제 상황, 경제 구조, 민중의 삶의 실태, 빈부격차의 심각함이 적나라하게 드러나 있다. 이는 비단 과테말라뿐 아니라 라틴아메리카 전체에 만연되어 있던 상황이다. 아르헨티나 북부 지방에서는 아이의 죽음조차 슬퍼하지 않는다고 하는데, 이 땅에 입이 하나 줄어들고, 저 하늘에 천사가 하나 늘어나기 때문이라고 한다.

극심한 빈부격차의 중요한 이유 가운데 하나는 권력층의 부패 문제다. 갈레아노는 권력층을 대표하는 백인 부자들은 세상을 눈이 아니라 '똥구멍'으로 바라보고 있다고 꼬집는다. 부를 독점하는 상류 권력층이 사회와 세계를 보는 눈이 거꾸로 되어 있는 현상을 냉소적, 창조적으로 표현한 것이다. 궁극적으로 라틴아메리카의 부조리 문제는 권력층에 의해 선도되고 악화한다. 라틴아메리카의 권력층은 피지배층을 압박하고 자신들의 안위와 부귀만을 생각한다. 권력자들은 고문 방법과 공포의 씨를 뿌리는 데 공헌할 뿐이다. 갈레아노는 이런 문제를 민중들에게 알리기 위해 위험을 무릅쓰고 권력층의 부정부패를 파헤치는 글쓰기에 전념한 것이다.

---

[2] Ibid., p. 17.

빈부격차의 또 다른 요인은 시장경제 메커니즘이다. 한 손으로 빌린 것을 다른 한 손으로 다시 훔치는 격으로 가난한 자들이 빈곤의 굴레에서 벗어나기가 어려운 것이 현실이다. 가난한 자들은 많이 쓰면 쓸수록 부채만 늘어나고, 많이 받으면 받을수록 가지는 것은 적어지며, 많이 팔면 팔수록 돈은 적게 버는 '시스템의 희생자들'이 되는 것이다.

대중 매체의 발전 또한 빈부격차와 불평등의 골을 심화시키며 실현 불가능한 환상만을 심어주고 있다. 라틴아메리카 민중은 대중 매체에 의해 통제되고 조작되면서 현 질서에 순응하도록 교육받는다. 현 체제가 자연스럽고 당연하며 영원한 것이기 때문에 현 체제를 신성시하고 운명으로 받아들이도록 순화 교육을 받는 것이다. 그 결과 오늘날 빈곤은 '비능률성이 감수해야 할 정당한 징벌' 또는 '자연스러운 질서의 표명'일 뿐이라고 믿게 된 것이다. 이렇게 역사가 왜곡됨으로써 라틴아메리카가 왜 가난에서 벗어나지 못했는가 하는 진정한 원인 분석은 물론, 라틴아메리카의 가난이 선진국의 배를 채워 왔다는 사실조차 망각하게 만드는 것이다.

갈레아노는 이렇게 반복되는 빈곤의 악순환을 〈가난한 나라를 위한 순환 교향곡〉이라는 제목으로 표현하고 있다. 그 내용을 요약하면, 노동을 값싸고 순종적으로 만들기 위해서는 강압적 통제가 필요하며, 이를 유지하기 위해 학살자와 고문자, 간수와 정보원이 증가한다. 가난한 나라들은 이를 위해 부자 나라에서 돈을 빌려야 하고, 빚을 갚기 위해 더 많은 돈을 빌려야 한다. 이 과정이 반복되면서 국가들은 더욱 심화된 경제적 종속과 억압 체제에 갇히고, 노동 착취는 끝없이 지속된다는 것이다. 이를 통해 갈레아노는 구조적으로 유지되는 불평등과 폭력의 실태를 선명하게 드러내고 있는 것이다.

라틴아메리카에서 대다수 민중의 열악한 노동 조건은 자본주의 시장경제의 메커니즘과 군부 정권의 속성 등으로 인해 반복적으로 악순환될 수밖에 없는 체제를 형성한다. 곤궁한 자들은 결코 자신의 처지를 벗어날 수 없다. 태어날 때부터 저주받고 가난에 시달리도록 운명지어진 것이다. 이들은 집도 직업도 없이 사회·경제적으로 퇴장당한 존재다. 따라서 사회의 어느 구석에도 그들이 움츠릴 만한 자리는 없다. 이들에게는 삶의 의미가 이미 존재하지 않는다. 살고 있지만 죽은 것이며, 오히려 '죽음이 곧 탄생'이라는 역설이 이들에게 성립된다. 죽음만이 곤궁과 소외에서 벗어남을 뜻하기 때문이다.

라틴아메리카의 빈곤 문제는 이제 신의 힘으로도 어쩔 수 없는 정도다. 갈레아노도 〈신학 입문〉에서 모든 광부가 35세 이전에 죽도록 저주받은 볼리비아 광산 마을을 예로 들면서, '하느님만으로는 충분하지 않다'고 탄식하고 있다.

〈부에노스아이레스, 1975년 11월. 나는 자유로워지고 싶었고 내가 원하는 대로 여기에 머무르고 싶었다〉에서, 예수님이 계신 곳에서는 그런 일들이 일어나지 않으리라 생각했다고 외치는 히니의 열 살짜리 아들은 신에 대한 원망이 지나쳐서, 신의 존재 자체를 부정할 정도다.

이제 민중에게는 희망이 없다. 절망과 좌절로 하루하루를 보낼

〈그림 6〉· 볼리비아 농촌 인구의 33퍼센트가 극빈층에 속한다.
출처: The Guardian.

뿐이다. 갈레아노가 〈꿈〉에서 형상화한 것처럼, 민중은 빛을 원했으나 성냥은 켜지지 않았다. 한 개비의 성냥도 켜지지 않았다. 모두 대가리가 없거나 젖어 있었기 때문이다. 인생의 무의미만 더할 뿐이다. 기업이 자유로울수록 점점 더 많은 사람이 투옥되고, 소수의 번영이 다수의 저주가 되는 라틴아메리카에서 하루하루 불안하게 지내는 것은 차라리 고통이다. 내일을 기약할 수 없기 때문이다.

그러나 갈레아노는 불의와 억압 속에서도 결코 절망하지 않는다. 그는 조국을 떠나야 했지만, 언젠가 다시 돌아올 것이라는 희망을 품었다. 이를 상징하는 것이 친구 에밀리오에게 받은 몬테비데오 항구의 그림이다. 그에게 몬테비데오 항구는 떠나는 곳이 아니라, 언젠가 돌아올 곳이며, 단절이 아닌 만남의 장소였다. 그의 작품에서 '항구'는 곧 희망을 의미한다.

그는 이 희망을 과거의 기억에서 찾았다. 체 게바라 같은 혁명가를 떠올리며 정의를 향한 투쟁을 상기했고, 어린 시절 그에게 하나의 세계처럼 느껴졌던 할머니의 따뜻한 품과 가족과 함께했던 행복한 순간들을 떠올렸다. 그는 이 기억들이 현실을 버텨낼 힘이 된다고 믿었고, 밀톤 나시멘토의 노랫말처럼 "나는 추억 속에서 내 힘을 찾는다"[3]는 마음을 지니고 있었다. 심지어 그는 "추억은 나의 양식"[4]이라며 과거가 곧 생존과 저항의 원동력이 된다고 확신했다.

갈레아노는 단순히 개인적인 회상을 넘어, 억압받는 민중들에게도 과거를 원동력 삼아 현재를 극복하라는 메시지를 던지고자 했다. 과거의 진실을 인식하는 것이 현실의 변화를 앞당기는 길이라고 믿었으며, 숨겨지고 왜곡된 역사를 다시 복원하는 과정이야말로 사회적 변화의 중요한 출발점이라고 여겼다.

---

3) Ibid., p. 130.
4) Ibid., p. 176.

5 부조리 속에서 태어난 문학, 시대를 증언하다

갈레아노는 『사랑과 전쟁의 낮과 밤』에서 역사적·사회적 구조 분석이나 정치적 에세이 형식을 따르지 않는다. 대신 그는 허위로 가득 찬 공식적 역사에 빛을 비추고, 민중의 묻힌 목소리를 되살려 역사적 진실을 밝혀내려는 글쓰기 태도를 견지한다. 이를 위해 그는 집단적 기억을 중시하며, 민중의 경험을 기반으로 한 집단의식을 공정한 역사의 근간으로 바라본다. 따라서 이 작품 속에서 그는 목소리 없는 사람들의 목소리를 어떻게 들려줄 수 있을지 고민한다.

이러한 글쓰기 태도는 그의 작품이 자연스럽게 당대의 사회상을 반영하고, 시대적·역사적 의미를 획득하는 데 기여한다. 특히 군부 독재 치하의 라틴아메리카 사회를 배경으로 한다는 점을 고려하면, 작가의 시대 의식이 더욱 중요하게 작용했음을 알 수 있다. 문학의 현실 참여를 강조하는 그의 문학관이 그대로 드러나는 『사랑과 전쟁의 낮과 밤』은 '민중의 목소리를 되살리고 과거를 재조명하여 현실을 고발한다'는 의미 있는 구조를 견지한다. 이는 작품 전반에 걸쳐 존재하는 상징과 기호를 통해 작가가 인간, 사회, 세계를 어떻게 바라보는지를 보여준다.

갈레아노가 이 작품에서 드러내려 하는 문제는 단순히 정치적·사회적 사안에 국한되지 않는다. 그는 비논리적이고 부조리한 현실에 맞서는 인간의 문제에도 관심을 두며, 작품 속에서 이데올로기와 계층 간 갈등을 통해 불의, 착취, 억압을 강렬하게 부각한다.

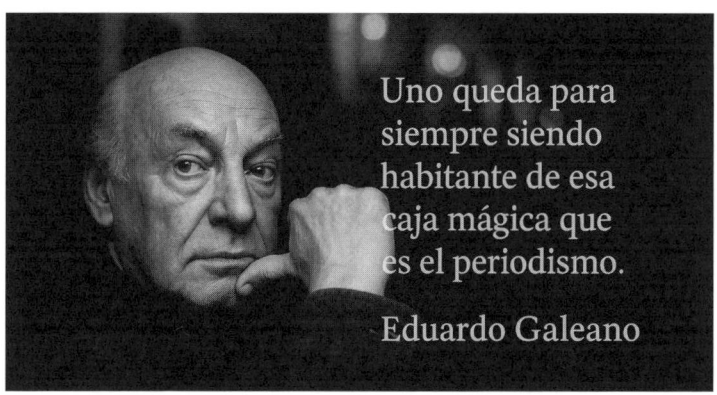

〈그림 7〉· 에두아르도 갈레아노는 "우리는 저널리즘이라는 마법의 상자 속에 영원히 살고 있을 것이다"라고 언론의 중요성을 강조한다.
출처: Sora.

    이러한 요소들은 삶의 의미를 혼란스럽게 하고, 신념을 흐리게 만들며, 궁극적으로 민중을 고립과 불안 속으로 몰아넣는다. 이는 라틴아메리카 전반에 퍼져 있는 구조적 문제들이며, 이를 극복하고자 하는 갈레아노의 문학적 고발 의식이 작품 곳곳에 드러난다.
    그럼에도 그는 문학 자체만으로 현실을 바꿀 수 있다고 주장하지는 않는다. 하지만 문학이 변화를 돕는 역할을 할 수 있다는 사실을 부정하는 것 또한 어리석은 일이라고 역설한다. 문학의 한계를 인식하면서도 끊임없이 그것에 도전하는 것이 중요하다고 보며, 라틴아메리카의 고통과 아름다움을 노래하는 것이 결코 헛된 일이 아니라고 믿는다. 그는 실제로 라틴아메리카의 사랑과 증오, 꿈과 상처, 희망과 절망을 『사랑과 전쟁의 낮과 밤』 속에 담아냈다.

이러한 내용을 갈레아노는 다양한 형식으로 구체화한다. 작품은 독립적인 제목을 지닌 짧은 에세이 모음집으로 구성되며, 동일한 제목이 반복되거나 중간중간 등장하는 경우가 많다. 이를 통해 각각의 단편이 독립적인 파편이 아니라 연속성을 가진다는 점을 강조하려 했다. 또한, 작가의 저널리스트 경험을 반영하여 신문 기사 형식이나 범죄 수사 기록을 패러디한 글들도 포함되어 있다.

일부 글의 제목은 편지 서문과 유사하지만, 그 내용은 일기 형식과 닮았다. 이는 라틴아메리카 사회의 혼란스럽고 비논리적인 모습을 다양한 형식으로 표현하려는 시도이며, 다수의 인물이 등장하는 것은 작품의 객관성을 강화하고 집단적 목소리를 부각하기 위한 작가의 전략으로 해석된다. 내용과 형식의 균형을 유지하면서 역사적 현실을 창조적으로 형상화한 것이다.

결국, 『사랑과 전쟁의 낮과 밤』은 인간적이고 합리적인 사회 체제를 구축하기 위한 비판적 자세를 일관되게 제시하는 작품이다. 이는 하나의 시대를 살아가는 민중의 집단의식을 대변하며, 부조리한 체제를 정의와 합리성이 살아 있는 체제로 변화시키고자 하는 강한 문제의식을 담고 있다. 그는 '낮'과 '밤'이 공존하는 세상처럼 균형과 조화가 이루어진 사회를 꿈꾼다. 한 시대의 권위적 구조와 부조리의 원인을 성찰하고, 그것을 합리적으로 해결할 가능성을 제시함으로써 갈레아노는 진정한 역사의식을 보여준다.

폭력의 역사와 문학적 기억:
『백년의 고독』속
바나나 농장 파업을 중심으로

1 문학으로 역사를 기록한 이야기꾼, 가르시아 마르께스

가르시아 마르께스(Gabriel García Márquez, 1927-2014)의 『백년의 고독(Cien años de soledad)』(1967)은 현대 문학의 흐름을 바꿔놓은 걸작으로 평가받는다. 1980년 존 바스(John Barth, 1930-2024)는 『소생의 문학(The Literature of Replenishment)』에서 이 작품을 "가장 위대한 포스트모더니즘 작품"[1]이라 칭하며, 가르시아 마르께스가 문학적 진솔함과 독창적인 글쓰기 방식을 통해 세계문학계에 큰 영향을 미쳤음을 강조했다. 당시 라틴아메리카 문학은 국제 문학계에서 변

---

1) John Barth, "The Literature of Replenishment", in *The Friday Book: Essays and Other-Fiction*, New York, Putnam, 1984, p. 204.

⟨그림 1⟩ · 1982년 가르시아 마르께스의 노벨 문학상 수상 장면.
출처: 위키피디아.

 방에 머물러 있었기에, 북미 작가들이 가르시아 마르께스를 경외의 대상으로 삼은 것은 매우 이례적인 일이었다. 존 업다이크(John Updike, 1932-2009) 또한 가르시아 마르께스를 "오늘날 문학에서 광범위하게 적용될 수 있는 만병통치약"[2]이라며 그의 영향력을 높이 평가했다. 가르시아 마르께스의 작품이 세계적으로 인정받으면서 마술적 사실주의는 포스트모더니즘 문학의 중요한 요소로 자리 잡았다.
 그는 문학 속에서 실제 현실을 재창조하는 마치 연금술사와 같

---

2) John Updike. "Chronicles and Processions", *The New Yorker*, 14, March, 1988, p. 113.

은 역할을 했다. 신화, 전설, 미신, 마술의 도움 없이 설명할 수 없는 라틴아메리카의 역사를 문학적 현실로 표현함으로써, 전 세계 독자들이 공감할 수 있는 독창적인 세계를 창조했다. 이러한 문학적 성취를 통해 가르시아 마르께스는 한때 소설이 쇠퇴할 것이라는 비관적 전망이 존재했던 시기에, 소설의 생명력이 여전히 건재함을 입증한 작가가 되었다. 『백년의 고독』은 마술적 사실주의 기법을 활용하여 라틴아메리카의 변화무쌍한 현실을 시적으로 형상화했고, 이를 통해 세계문학사의 중요한 전환점을 마련했다. 이제 누구도 이 작품이 문학의 흐름을 바꿨다는 사실을 부인하지 않는다.

체코의 소설가 밀란 쿤데라(Milan Kundera, 1929-2023)는 서구에서 종종 언급되는 '소설의 종말'이라는 논의가 동유럽이나 라틴아메리카 작가들에게는 해당하지 않는다고 주장하며, "책꽂이에 『백년의 고독』이 있는데, 어떻게 소설의 죽음을 이야기할 수 있겠는가?"[3]라고 역설했다. 가르시아 마르께스는 이제 라틴아메리카라는 지역적 틀을 넘어, 미국과 유럽을 포함한 세계문학에서 문호로 인정받고 있다. 독자들의 열광적인 지지는 물론이고, 비평가들도 그를 세계문학사의 중요한 기둥으로 평가한다. 그의 작품에서 영향을 받은 많은 문학도 호평을 받고 있으며, 『백년의 고독』이 남긴 유산은 현대 문학에서 깊은 흔적을 남겼다.

---

3) 박치현, "옆에 앉아 있던 가르시아 마르케스의 유령이 말을 걸었다", 〈대학신문〉, 2014.11.09.

〈그림 2〉• 콜롬비아 길거리에 그려진 가르시아 마르께스 벽화. 맨 아래 "마꼰도의 미래를 만든다"는 문구가 눈에 띈다.
출처: Blogger.com.

    이 작품은 콜롬비아의 광범위한 역사를 반영하며, 마꼰도라는 가상의 공간을 통해 정치와 이데올로기의 충돌을 담아냈다. 백 년 동안 펼쳐진 사건들은 콜롬비아 역사 자체의 재현이라 할 수 있다. 가르시아 마르께스는 마술적 사실주의 기법을 활용하여 형식과 내용, 이야기와 담론 사이의 균형을 이루었으며, 이를 통해 콜롬비아 사회 전체뿐 아니라, 라틴아메리카라는 더 큰 지역의 모습을 형상화했다. 다시 말해 『백년의 고독』에서 표현된 역사적 현실은 라틴아메리카 민중들이 함께 고민하고 공유한 삶과 역사를 반영한 것이다.

    1967년 출간된 이 작품은 즉각적인 성공을 거두었으며, 각국에서 번역되어 세계적 베스트셀러가 되었다. 1970년에는 미국 비평가들이 선정한 세계 최고 작품 12편 중 하나로 포함되었으며, 훌리오 꼬르따사르(Julio Cortázar, 1914-1984)는 가르시아 마르께스의 창조적 능력이 라틴아메리카 문학 시장을 단숨에 장악한 사례라며 극찬했다. 가르시아 마르께스는 『백년의 고독』을 통해 1969년 이탈리아의 키안치아노 상과 프랑스의 프리 뒤 메예 외국 문학상을 받았으며, 1971년에는 콜롬비아 대학에서 명예박사 학위를 받았다. 1972년에는 베네수엘라에서 라틴아메리카의 노벨상이라 불리는 로물로 가예고스 상을 수상했고, 이는 1982년 노벨 문학상을 받는 전조가 되었다.

작품은 대략 19세기 중반부터 20세기 중반까지의 콜롬비아 역사를 반영하며, 이 가운데 1928년 시에나가 지역에서 발생한 바나나 농장 노동자 학살 사건을 중요한 역사적 사건으로 조명한다. 이 사건은 콜롬비아 역사에서 가장 비극적인 순간 중 하나였으며, 가르시아 마르께스는 이를 단순히 묘사하는 데 그치지 않고, 폭력과 불의로 점철된 현실을 고발하고 비판하는 수단으로 활용했다. 작품 속에서 이러한 역사적 현실은 정치·사회 문제와 연계되면서, 콜롬비아인뿐만 아니라 라틴아메리카 전체의 정체성 위기를 탐구하는 데까지 나아간다. 궁극적으로 『백년의 고독』은 시대와 공간을 초월하여, 우리 모두의 고독과 인간 존재의 의미를 숙고하게 하는 작품이다.

2 콜롬비아의 정치적 격동과 사회적 갈등

콜롬비아의 20세기 중반 역사는 한마디로 '폭력의 시대'였다. 19세기 말부터 점차 확산한 시민전쟁은 20세기 중반에 이르러 절정을 이루었고, 이는 수십만 명의 사망자와 국가 경제의 황폐화, 그리고 사회적·도덕적 피폐를 초래했다. 이로 인해 콜롬비아 작가들은 역사적 사건을 문학적으로 형상화하는 데 주력했다.

  콜롬비아의 정치 구조는 오랫동안 자유당과 보수당의 양당 체제 속에서 움직였다. 1880년 보수파의 지지를 받은 자유당 출신 라파엘 누녜스(Rafael Núñez, 1825-1894)가 대통령으로 선출된 이후, 보수당의 영향력은 더욱 강력해졌다. 1886년 대통령 중심제 개헌이 이루어진 뒤 보수당은 자유주의자들을 억압하며 점차 독점적인 권력을 행사했고, 결국 정치적 갈등이 내란으로 이어졌다. 자유주의자들은 1895년 처음으로 무력 저항을 시도했으나 실패했다. 하지만 1898년 선거에서 승리한 민족주의적 보수파가 자유주의자들의 개혁안을 거부하면서, 콜롬비아 역사상 가장 긴 내전이 발발했다. 바로 1899년부터 1902년까지 이어진 '천일 전쟁'이었다. 이 전쟁은 15만 명 이상의 사망자를 발생시키고 국가 경제를 완전히 붕괴시키는 결과를 초래했다. 전쟁 이후 대지주들의 지지를 받은 보수당 정권은 더욱 강력한 권력을 행사했다.

  가르시아 마르께스는 『백년의 고독』뿐만 아니라, 『낙엽(La Hojarasca)』(1955), 『마마 그란데의 장례식(Los funerales de la Mamá Grande)』(1962), 『불길한 시간(La mala hora)』(1962) 등의 작품에서도 시민 전쟁과 천

일 전쟁을 배경으로 설정했다. 그는 이 사건들을 단순한 역사적 배경으로 삼은 것이 아니라, 허구적 공간인 '마꼰도'나 마을을 통해 재구성하여 역사적 기억을 소설 속에 녹여 냈다. 이는 작가가 어린 시절 할아버지와 친척, 마을 사람들에게 들었던 전쟁 이야기를 문학적으로 재생산한 것이다. 가르시아 마르께스가 작품 속에서 표현한 내란은 대개 희망과 목표 상실을 의미하며, 무의미한 삶을 살아가는 민중의 모습을 강조하는 방식으로 서술되었다.

그의 작품 속에서 내란은 이념적 또는 계급 갈등의 결과라기보다는 지배계급 간의 권력 투쟁으로 해석된다. 또한 내전의 결과로 마을 사람들 사이에는 이유 없는 증오와 불신, 혐오감이 만연하게 되었다. 이는 가르시아 마르께스가 반복적으로 강조한 점으로, 전쟁이 만들어낸 부정적 가치 체계가 개인과 사회를 얼마나 깊이 황폐화했는지를 보여준다.

천일 전쟁 이후 정부는 기업 지원과 산업 보호주의를 강화하며 수출 증가에 초점을 맞추었다. 산업화와 자본주의 생산양식이 본격적으로 자리 잡기 시작했고, 외국 자본의 유입이 활발해졌다. 특히 철도와 천연자원 개발을 위해 영국과 미국의 투자가 집중되었으며, 1899년 미국인 로렌스 도우 베이커가 콜롬비아 북부 항구 도시 산따 마르따에 '연합청과회사(United Fruit Company)'를 설립하면서 다국적 기업이 본격적으로 콜롬비아에 침투하기 시작했다. 이 회사는 거대한 자본력을 바탕으로 지주와 소작농을 흡수하며 바나나 재배에 적합한 토지를 독점했다. 정부는 바나나 산업 육성에만 집중하며 노동자의 권리를 보호하는 데에는 무관심한 태도를 보였다. 그 결과, 노동자들은 임금 노동자로 전락했고, 열악한 환경 속에서 착취당했다.

연합청과회사는 영향력을 확대하며 지역 정책을 자신들에게 유리한 방향으로 조종했다. 노동자들은 생활 여건이 개선되지 않자 노동 조건 개선과 임금 인상을 요구하며 대규모 파업을 감행했지만, 정부는 기업의 편을 들어 무력으로 파업을 진압했다. 결국 대규모 학살 사건이 발생했고, 이는 보수당 정권의 반(反)노동자 정책과 대기업의 이윤 극대화 전략이 결합하면서 벌어진 비극이었다.

이 사건은 자유당 지도자 호르헤 엘리에세르 가이딴(Jorge Eliécer Gaitán, 1903-1948)의 등장으로 전국적인 항의 시위를 촉발했다. 그는 연합청과회사에 대한 정부의 탄압을 조사하여 의회에서 노동자 학살을 고발했고, 사회 개혁을 주장하며 국민적 지지를 얻었다. 그러나 정치적 불안이 계속되는 가운데, 1948년 4월 9일 가이딴이 암살당하면서 콜롬비아 역사상 가장 심각한 도시 폭동 '보고따소(Bogotazo)'가 발생했다. 이 폭동은 약 10시간 동안 지속되었으며, 보고따 도심이 심각한 피해를 보았다. 보고따소는 단순한 도시 폭동을 넘어 콜롬비아의 정치적 불안정을 심화하는 계기가 되었다.

보고따소는 새로운 군사 독재 체제의 길을 열었고, 1960년대 초반까지 이어지는 폭력 시대, 즉 '라 비올렌시아(La Violencia)'라 불리는 준(準)내란 상태로 이어졌다. 초기에는 경찰과 자유당 무장 집단 간의 대립이었으나, 시간이 흐르면서 각 지역에서 자유당과 보수당을 지지하는 무장 농민 집단이 형성되었다. 계엄령이 선포되고, 테러와 보복이 난무하는 가운데 시민들은 극심한 불안과 불신 속에서 살아가야 했다. 무엇보다 정치인들의 권력 다툼으로 인해 가장 큰 피해를 본 계층은 농민들이었으며, 이들은 정치적 신념도 이해하지 못한 채 폭력에 휘말려 희생된 경우가 많았다.

이러한 역사적 비극을 문학적으로 형상화하는 것은 자연스러운 일이었으며, 가르시아 마르께스는 자기 소설을 통해 이를 작가의 책무로 삼았다. 『낙엽』, 『아무도 대령에게 편지하지 않다(*El coronel no tiene quien le escriba*)』(1961), 『백년의 고독』 등에서 콜롬비아 역사가 겪은 고통을 다양한 서술 기법을 통해 조명했고, 단순한 역사적 증언을 넘어서 그 근원과 결과까지 깊이 탐구하는 작업을 이어 나갔다.

3 외세 자본과 마꼰도의 변화: 바나나 회사의 등장

마꼰도에 철도가 놓이면서 이 조용하고 고립된 마을은 외부 세계와 연결되기 시작했다. 처음으로 철도를 구상한 사람은 아우렐리아노 뜨리스떼였으며, 그는 얼음 판매 시장을 확대하기 위해 철도를 도입하려 했다. 그의 계획은 약 2년간의 과학적 계산을 거쳐 점차 실현되었고, 마침내 한겨울 어느 날, 마을 주민들의 시선을 사로잡으며 기차가 마꼰도에 도착했다. "아궁이처럼 생긴 이상한

〈그림 3〉• 초기 마꼰도에 기차가 들어오는 모습.
출처: 챗gpt로 생성된 이미지.

  물건이 마을을 끌어당기면서 다가오고 있었다"[4]는 동네 여인의 표현처럼, 기차는 낯선 존재였다. 그리고 기차가 내뿜는 피리 소리 같은 굉음과 헐떡이는 소리는 마을 전체를 뒤흔들었으며, 마꼰도의 폐쇄적인 세계를 깨뜨리는 첫 신호가 되었다.
  기차의 출현은 단순한 교통수단 이상의 의미가 있다. 그것은 마꼰도를 외부 세계와 연결하는 최초의 문명적 도입이었으며, 이 작

---

4) Gabriel García Márquez, *Cien años de soledad*, Barcelona: Círculo de Lectores, 1967, p. 190.

은 마을을 역사적 변혁의 소용돌이 속으로 밀어 넣었다. 그리고 이러한 변화의 조짐은 곧바로 경제적 변화를 불러왔다. 기차를 타고 마꼰도에 처음 도착한 미국인 허버트는 단순한 방문자가 아니었다. 그는 우연히 아우렐리아노 세군도와 함께한 식사 자리에서 바나나를 맛보았고, 그 희한한 맛에 이끌려 마꼰도에 숨겨진 경제적 잠재력을 간파했다. 허버트는 자신의 계획을 숨긴 채, 토목기사, 농업 전문가, 수문학자, 지질학자를 동반하여 정밀 토양 조사를 시작했고, 이는 마꼰도 경제 구조를 뒤바꿀 거대한 변화의 초석이 되었다.

얼마 후, 바나나 회사의 대표 브라운이 마을에 도착했다. 마을 주민들은 그의 등장이 역사적 의미를 지닌다는 사실을 깨닫지 못했으며, 단순히 새로운 외국인이 마을을 방문한 것으로만 여겼다. 그러나 아우렐리아노 부엔디아 대령은 그들의 등장으로 인해 마꼰도가 겪을 격동과 변화를 직감했다. 그의 예감대로 기차와 바나나 회사의 등장과 함께 마꼰도의 산업화가 본격적으로 진행되면서 마을은 역사상 경험하지 못했던 혼란을 겪게 되었다.

마꼰도의 변화는 단순한 경제적 성장에 그치지 않았다. 마을은 문화적·정치적·경제적 측면에서 전반적인 사회 변화를 맞이했으며, 이는 기존의 생활 방식이 완전히 뒤바뀌는 계기가 되었다. 문화적으로, 마을 사람들은 외국인의 유입과 산업화로 인해 전통적인 생활 양식과 가치관이 변화하기 시작했다. 미국인들은 자신들의 방식으로 마을을 개조하며 새로운 규율과 법을 적용했고, 이는 마꼰도 사람들이 이전까지 경험하지 못했던 새로운 질서를 형성하는 계기가 되었다.

정치적으로, 바나나 회사의 영향력은 막강했다. 마을의 권력 구조가 바뀌면서 회사의 이익을 대변하는 세력이 마을의 정치적 결정을 좌우했다. 노동자들은 처음에는 경제적 풍요에 대한 기대를 했지만, 곧바로 착취와 억압을 경험했다. 회사는 노동자들에게 낮은 임금을 지급하며 혹독한 환경에서 일하도록 강요했고, 이에 맞서 노동자들은 저항을 시작했다. 마을은 이전과 완전히 다른 방향으로 변모했다.

경제적으로도 마꼰도는 전혀 다른 차원으로 발전했다. 기차와 바나나 회사의 도입으로 인해 마을 경제는 바나나 산업 중심으로 개편되었고, 다국적 기업의 논리에 의해 움직이는 시장이 형성되었다. 마을 주민들은 더 이상 전통적인 방식으로 생계를 유지할 수 없었으며, 산업 노동자로 전락해야 했다. 외국 자본의 유입과 산업화 과정에서 마을의 자치적 경제 시스템은 무너졌고, 마을 경제는 완전히 바나나 산업에 종속되었다.

결국, 마꼰도의 변화는 단순한 발전이 아니라, 기존 생활 방식과 가치 체계를 송두리째 뒤바꾸는 거대한 격변이었다. 산업화와 외국 자본의 개입으로 인해 마을의 전통적 삶이 파괴되었고, 노동자들의 처참한 현실과 정치적 억압이 그 뒤를 이었다. 마꼰도는 이제 더 이상 예전의 평온한 마을이 아니라, 외부 세계의 영향 속에서 격동하는 사회로 변화했다.

(1) 문화의 변화

외지인들이 마꼰도에 들어오면서 마을의 문화는 급격한 변화를 겪었다. 원래는 공동체 중심으로 살아가던 이곳에 외국인들이 몰려들면서 질서가 무너졌고, 기존의 평온한 분위기는 점차 사라졌다. 철도를 따라 함석지붕을 한 목조 건물들이 빽빽하게 들어섰고, 마을은 마치 임시 야영지처럼 변해 갔다. 미국인들은 철로 건너편에 야자나무가 늘어선 새로운 도시를 형성했고, 그곳은 마꼰도와는 완전히 다른 세계였다. 거리에는 창부들과 야바위꾼들이 들끓으며 밤마다 소란이 이어졌다. 무질서와 폭력이 난무하는 공간이 된 마꼰도는 이제 더 이상 과거의 평화롭고 정돈된 마을이 아니었다.

과거 호세 아르까디오 부엔디아가 마을을 건립할 당시 마꼰도는 노동과 질서를 중시하는 이상적인 공동체였다. 하지만 외국인들이 들어오면서 마을의 기존 질서가 완전히 무너졌다. 지역 주민들은 자신들이 살던 공간이 낯설고 통제할 수 없는 곳으로 변해가는 것을 목격하며, 깊은 이질감과 소외감을 느꼈다. 가르시아 마르께스는 이러한 변화를 『낙엽』에서 '회오리바람에 쓸려온 쓰레기'에 비유했다. 그의 표현처럼, 마꼰도는 외부 문명의 침투로 인해 세속화되었고, 그 순수함이 점점 오염되어 갔다. 거리에는 쓰레기가 날리고, 사람들은 문명의 홍수 속에서 혼란에 빠졌다.

새롭게 유입된 외지 문화는 주민들에게 극심한 문화적 충격을 주었다. 발전기, 전구, 영화, 축음기, 전화 같은 현대적 발명품들이

들어오면서 사람들은 처음으로 눈앞에서 과학기술이 작동하는 모습을 목격했다. 하지만 이는 마꼰도 사람들에게 단순한 신기함을 넘어 깊은 당혹감을 주었다. 그들은 이러한 것들이 현실인지 환영인지조차 구별할 수 없는 상태에 빠졌고, 세상에 대한 기존의 인식이 무너졌다.

기술의 유입보다 더욱 큰 충격을 준 것은 외국인들이 마을의 자연환경을 바꾸어 버린 일이었다. 강의 물길을 돌리는 등 자연의 섭리를 마음대로 조작하는 모습을 보면서 마을 사람들은 경악했다. 자연은 그들에게 삶의 터전이자 신성한 존재였기에, 인간이 이를 바꿀 수 있다는 사실 자체가 큰 충격이었다. 이에 따라 기존의 자연과 인간의 관계가 새롭게 정립되었고, 전통적인 세계관이 뿌리째 흔들렸다.

문화적 침식이 진행되면서 마을 사람들은 점점 더 고립되었다. 전통적인 생활 방식이 사라지고, 이방인들의 문화가 마을을 지배하면서 주민들은 자신들의 공간이 외부에 의해 점령된 것처럼 느꼈다. 이에 따라 그들은 기존의 생활을 유지하려는 마지막 저항을 시도했지만, 변화의 흐름을 막을 수는 없었다. 결국 그들이 할 수 있는 유일한 행동은 문 뒤에서 식탁을 차려놓고, 나이프와 포크를 정리한 채 새로운 손님이 자신들을 알아볼 때까지 기다리는 것이었다. 이는 완전한 무기력과 고독의 표현이었다. 주민들은 더 이상 스스로를 지킬 힘을 잃었고, 자신들의 정체성마저 흐려져 갔다.

이처럼 마꼰도의 문화적 변화는 단순한 발전이나 외부 문화의 도입이 아니라, 마을 사람들의 정체성에 대한 위기와 소외감의 심화로 이어졌다. 그들은 더 이상 예전의 삶을 유지할 수 없었으며, 변화 속에서 길을 잃고 방황하게 되었다. 가르시아 마르께스는 이러한 과정을 문명의 힘에 짓눌린 마을과 그 속에서 무력하게 변해가는 사람들의 모습으로 강렬하게 형상화했다.

(2) 정치 변화

바나나 회사가 마꼰도에 진출하면서 마을의 정치적 분위기는 본격적으로 변화하기 시작했다. 처음에는 경제 발전과 산업화라는 명목 아래 진행된 변화였지만, 곧 권력 구조의 재편성과 정치적 혼란을 불러왔다. 기존의 마을 관리들은 하나둘씩 교체되었고, 새로운 행정 관료들은 모두 바나나 회사와 직·간접적인 관계를 맺고 있는 외부인들이었다. 그들은 마을의 공공 행정을 관리하는 것이 아니라 회사의 이익을 보호하고 증진하기 위해 자리를 차지한 것이었다.

 콜롬비아의 실제 역사에서도 연합청과회사는 '막달레나 농업 위원회'의 절대적인 후원을 받았으며, 당시 레예스 정부 또한 이 기업과 협력 체제를 구축하는 것이 국가 경제 발전을 위한 최선책이라고 판단했다. 가르시아 마르께스는 마꼰도의 정치 구조를 이러한 현실의 반영으로 설정했고, 바나나 회사가 마을을 점진적으로 장악하는 모습을 사실적으로 그려냈다.

 기업의 입맛에 맞추어 바뀐 정치 구조 속에서 새롭게 임명된 관리들은 바나나 회사가 제공하는 상류층의 생활을 누렸다. 그들은 더위와 모기, 각종 불편을 피할 수 있도록 철조망에 전기가 흐르는 고급 주거 공간에서 살았으며, 마치 특별한 존재처럼 보호받았다. 이러한 변화로 인해 마을의 행정과 법률 시스템은 더 이상 주민들을 위한 것이 아니라, 기업의 이익을 극대화하는 방향으로 운영되었다.

경찰 조직 또한 바나나 회사의 지원 아래 완전히 개편되었다. 새로운 경관들은 긴 칼을 차고 다니는 외부 출신의 자객 같은 존재들이었으며, 그들은 마을 주민들을 보호하기 위한 것이 아니라 회사의 안전과 이익을 보장하기 위해 존재했다. 이들은 회사가 제공하는 방에서 생활했으며, 거기서 식사까지 해결했다. 즉, 그들은 마을 사람들과 접촉하지 않았으며, 오로지 기업의 지시만을 수행하는 존재였다.

새로운 경찰 조직은 과거의 무기력했던 경관들과는 전혀 달랐다. 그들은 법을 수호하는 것이 아니라 오히려 불법 행위를 저지르며 마을을 공포 속에 몰아넣었다. 주민들은 예전과는 다른 방식으로 통제당했고, 불만을 표출할 수 있는 공간마저 점점 사라졌다. 법과 질서가 존재하는 듯 보였지만, 그것은 마을 주민들을 위한 것이 아니었다. 모든 것이 바나나 회사의 권력 유지를 위한 구조 속에서 움직이고 있었다.

마꼰도의 이러한 정치적 변화에 가장 격렬한 분노를 느낀 인물은 아우렐리아노 부엔디아 대령이었다. 그는 마을이 내란 이전과 다를 바 없이 다시 억압과 통제 속으로 빠져들고 있음을 깨달았다. 그의 허무감과 공허함은 극대화되었으며, 이는 점차 미국인들에 대한 증오로 발전했다.

그는 "내 언젠가는 내 자식들에게 총을 들려서 이 썩어빠진 미국 놈들을 싹 쓸어버리고 말 것이다"[5]라고 다짐했다. 그러나 그의 이러한 외침은 결국 비극적인 결과를 초래했다. 불과 2주 만에 장남을 제외한 모든 아들들이 익명의 범인들에게 살해당하는 일이 벌어진 것이다. 이는 미국 자본과 기업의 절대적인 권력이 마을의 정치 구조를 완전히 장악했음을 보여주는 사건이었으며, 결국 대령은 더 이상 저항할 힘을 잃고 무력감 속으로 빠져들었다.

아우렐리아노 대령만이 아니라 마을 주민들 또한 이러한 정치적 변화를 목격하면서 깊은 공포감과 무력감을 느꼈다. 바나나 회사가 마을을 점점 통제하면서 주민들은 자신들의 정치적 권리를 빼앗긴 채 조용히 억압당해야만 했다. 그들은 기업과 정부가 하나로 결탁해 자신들의 삶을 조종하고 있다는 사실을 알았지만, 저항할 방법을 찾을 수 없었다.

주민들은 공포 속에서 살아가며, 미국인들과 외부 관리들에게 반감을 품었지만, 직접적으로 행동에 나설 용기를 내지 못했다. 그들은 더 이상 마꼰도를 자신들의 공간이라고 인식할 수 없었으며, 외부의 힘이 지배하는 새로운 질서 속에서 살아남기 위해 조용히 순응할 수밖에 없었다.

---

5) Ibid., p. 205.

마꼰도에서 일어난 정치적 혼란과 무질서, 폭력의 증가는 본질적으로 바나나 회사의 경제적 독점력에서 비롯된 것이었다. 기업은 단순히 경제적 발전을 도모하는 것이 아니라, 마을의 정치 시스템을 완전히 장악하며 주민들을 통제하는 구조를 만들었다. 행정 조직과 경찰력이 기업의 이익을 위해 움직이면서, 마을은 자신의 주권을 잃었고, 정치적 독립성을 상실했다.

이처럼 가르시아 마르께스는 『백년의 고독』을 통해 경제적 권력이 정치적 지배로 이어지는 구조를 날카롭게 분석했으며, 바나나 회사의 등장과 정치적 억압 속에서 마꼰도가 어떻게 변화하는지를 사실적으로 묘사했다. 마을 주민들은 점점 더 깊은 무력감 속으로 빠져들며, 정치적 저항의 가능성마저 상실해 갔다.

(3) 경제, 사회 구조의 변화

20세기 초 콜롬비아의 경제 구조는 봉건주의에서 자본주의로 이행하는 과도기에 있었다. 이 변화는 외국 자본의 유입으로 더욱 가속화되었으며, 경제적 종속과 사회 구조의 재편성을 초래했다. 『백년의 고독』에서도 이러한 현실이 반영되었으며, 마꼰도의 경제 구조는 바나나 회사가 들어서면서 급격한 산업화 과정을 경험했다. 막대한 자본과 경제력으로 인해 지역 경제가 변모하며, 물질적 풍요와 함께 새로운 형태의 계급 분화가 형성되었다.

바나나 회사는 마꼰도에 물질적 풍요를 가져오며 지역 경제를 변화시켰다. 마을에는 일자리를 찾아 몰려든 외지인들이 가득했으며, 마꼰도는 급속한 성장의 중심지로 떠올랐다. 바나나 열풍은 부엔디아 가문에도 영향을 미쳤다. 호세 아르까디오 세군도는 과거 싸움닭을 기르던 생활을 접고 바나나 회사의 감독으로 취직하며 새로운 시대에 적응했다. 그러나 이러한 경제적 번영은 마을의 전통을 송두리째 바꿔놓으며 기존 공동체의 질서를 뒤흔들었다.

이 시기 가장 큰 경제적 성공을 거둔 인물은 아우렐리아노 세군도였다. 그는 외지인을 상대로 식당을 운영하며 엄청난 부를 쌓았고, 마꼰도에서 번영의 상징으로 자리 잡았다. 그의 부의 원천은 내연 관계였던 뻬뜨라 꼬떼스와 연결되어 있었다. 그녀는 가르시아 마르께스의 마술적 사실주의를 통해 묘사된 존재로, 동물을 끝없이 번식시키는 능력을 지녔고, 이를 통해 아우렐리아노 세군도는 막대한 부를 축적했다. 그의 경제적 성공은 바나나 회사의 사주인 브라운과의 돈독한 관계로 이어졌으며, 이는 기업과 개인의 경제적 이해관계가 맞물린 결과였다.

실제 역사에서 콜롬비아 막달레나 지역의 바나나 농장 주변에서는 연합청과회사와 연결된 집단들이 논리적으로 설명하기 어려운 부를 누렸다. 대표적인 사례가 군부 집단이었다. 군인들은 바나나 회사로부터 맥주와 담배 등의 혜택을 받으며 특별한 대우를 받았으며, 공식 월급보다 훨씬 많은 돈을 사용했다. 월급이 120페소였던 군인들이 500페소짜리 지폐를 들고 다녔다는 점에서, 군부와 기업 간의 밀착 관계가 잘 드러난다.

가르시아 마르께스는 이를 마술적 사실주의를 통해 우회적으로 묘사했다. 아우렐리아노 세군도의 경제적 번영은 뻬뜨라 꼬떼

〈그림 4〉• 콜롬비아 바나나 농장에서 힘겹게 일하는 노동자 모습.
출처: https://www.colombiainforma.info/

스의 초자연적 능력에서 비롯된 것이며, 현실 속 군부의 부도 바나나 회사의 지원에서 비롯되었다. 결국 뻬뜨라 꼬떼스는 미국 기업이 가져온 과장된 번영을 상징하는 마술적 인물로 해석될 수 있으며, 아우렐리아노 세군도는 너무 쉽게 부를 얻어 타락의 길을 걷게 된 존재로 설정되었다. 이는 현실 속 군부의 타락한 모습과도 맞닿아 있다.

아우렐리아노 세군도와 뻬뜨라 꼬떼스를 중심으로 한 부의 축적은 마꼰도 전체의 모습이 아니었다. 바나나 회사가 들어서면서 마을의 노동 구조는 급격하게 변화했고, 대부분의 농민은 무산계급으로 전락했다. 토지를 빼앗긴 사람들은 일용 노동자로 살아가야 했으며, 마을 경제는 이제 외국 자본에 의해 좌우되었다. 이에 따라 마을 내부에서도 유산계급과 무산계급, 상층과 하층의 개념이 명확해졌으며, 사람들의 가치 기준 역시 변화했다. 과거에는 윤리적 가치를 중시했지만, 이제는 경제적 가치가 그 자리를 대신하게 된 것이다.

결국 자본주의적 사고방식에 따라 마꼰도의 사회 구조는 수직적으로 변모했다. 바나나 회사와 협력하는 백인들은 상류층으로 자리 잡았고, 지역 소지주와 끄리오요(라틴아메리카 태생 백인)들은 중산층에 속했다. 반면, 노동자들과 빈민들은 하층 계급으로 밀려났다. 이러한 계층 분화는 소설 속에서도 뚜렷하게 드러난다. 미국인들은 마꼰도 주민들과 일주일에 한 번만 접촉하도록 제한했으며, 전기가 흐르는 닭장과 같은 공간에서 자신들만의 풍요로운 생활을 즐겼다. 반면, 노동자들은 열악한 환경 속에서 살아가야 했다.

경제적 불평등이 심화하면서 노동자 계급은 점차 위기의식을 가지기 시작했다. 바나나 회사는 마을을 장악하며 원주민들의 경제적 권리를 침해했고, 이에 따라 노동자들은 저항을 시작했다. 저임금과 착취적인 노동 환경 속에서 살아가야 했던 그들은 결국 파업을 조직하며 기업과 직접적인 갈등을 빚었다. 이 과정에서 가르시아 마르께스는 바나나 회사가 단순한 경제적 영향력을 넘어 정치적 지배력까지 행사하는 모습을 강조했다. 기업의 경제적 우월성은 곧 정치적 통제력으로 연결되었고, 행정과 치안도 회사의 이익을 위해 움직였다.

바나나 회사의 입장에서 노동자들의 파업은 기업의 질서 유지에 대한 위협이었으며, 정부는 이를 강경하게 진압했다. 결국 대규모 학살 사건이 발생했고, 가르시아 마르께스는 이를 통해 경제적 지배가 어떻게 정치적 폭력으로 연결되는지를 보여주었다.

바나나 회사의 출현은 마꼰도의 경제뿐만 아니라 사회적 구조 자체를 뒤흔들었다. 산업화와 외국 자본의 유입은 자본주의적 사고방식을 심화했으며, 계층 분화를 가속했다. 경제적 지배는 정치적 통제로 이어졌고, 노동자들은 점점 더 큰 억압 속에서 살아가야 했다. 가르시아 마르께스는 이를 통해 경제적 변화가 단순히 발전을 의미하는 것이 아니라, 빈곤과 착취, 그리고 정치적 폭력으로 이어질 수 있음을 보여주었다.

결국 『백년의 고독』 속 마꼰도는 콜롬비아의 역사적 현실을 반영하는 공간이며, 바나나 회사의 등장은 단순한 산업화가 아니라, 사회적 불평등과 정치적 억압의 시작을 의미했다. 가르시아 마르께스는 이를 통해 경제적 변화가 가져오는 사회적 결과를 강렬하게 형상화했다.

4 바나나 농장 학살: 억압과 저항의 충돌

20세기 초 콜롬비아의 경제 구조는 봉건주의와 자본주의가 뒤섞인 과도기적 상태였다. 봉건적 농업 경제가 점차 자본주의적 산업 경제로 이전되는 가운데, 외국 자본의 유입이 이러한 변화를 더욱 가속했다. 미국 연합청과회사는 이러한 변화의 핵심적 요소였으며, 콜롬비아 북부 산따 마르따 지역에서 철도, 용수, 토지를 독점하며 지역 경제를 장악했다. 가르시아 마르께스는 『백년의 고독』에서 이러한 경제적 현실을 마꼰도의 바나나 회사와 노동자들의 갈등을 통해 문학적으로 재현했다.

연합청과회사는 지역 내 모든 노동자를 자신들의 관리하에 두었으며, 주민들은 회사와 관계를 맺지 않고는 생계를 유지할 수 없었다. 회사는 이러한 구조를 악용하여 노동자를 착취했으며, 열악한 노동 환경과 법적 보호 없는 임금 체계 아래 노동자를 종속시켰다. 노동자들은 점차 이러한 불평등과 부조리를 인식하기 시작했고, 1928년 '막달레나 노조 연합'을 중심으로 공식적인 항의를 시작했다. 이들은 소설 속 마꼰도 노동자들이 바나나 회사에 제출한 요구 사항과 매우 유사한 내용의 청원을 제출했다.

노동자들은 ▲일요일 근무 폐지 ▲비위생적인 주거 환경 개선 ▲엉터리 의료 체제 개혁 ▲부당한 노동 조건 개선 ▲임금을 상품권이 아닌 현금으로 지급할 것 등을 요구했다. 그러나 이러한 요구는 관철되지 못했고, 노동자들은 법적 절차만으로는 문제를 해결할 수 없다는 사실을 깨달았다. 결국 노동자들은 더 강력한 저항 방법을 모색했으며, 대규모 '동맹 파업'을 계획하게 된다.

파업은 노동자들이 자신의 권리를 찾기 위해 조직적으로 움직이는 첫 번째 집단적 저항이었다. 『백년의 고독』에서는 호세 아르까디오 세군도가 노동자들의 편에 서서 파업을 사주하고 설득하는 지도자로 등장한다. 그는 기존 바나나 회사의 노동 감독 직책을 포기하고 노동자들과 함께 투쟁하며 파업을 선동했다. 이에 따라 노동자들은 단결하여 농장의 모든 작업을 중단시켰고, 바나나는 나무에서 썩어갔다. 철도 운행도 멈췄고, 마을의 경제 활동이 마비되었다.

무노동-무임금 원칙에 따라 노동자들도 임금을 받지 못했지만, 더욱 큰 타격을 입은 것은 바나나 회사였다. 노동이 중단되자 회사의 생산도 멈춰 버렸으며, 이는 기업 운영에 직접적인 영향을 미쳤다. 파업이 계속되면서 바나나 회사는 정부에 도움을 요청했으며, 콜롬비아 정부는 기업의 이익을 보호하기 위해 군대를 파견하는 결정을 내렸다.

레예스 정부는 바나나 회사와 긴밀한 협력 관계를 유지하며 기업의 경제적 성공을 국가 정책의 최우선 목표로 삼았다. 정부는 바나나 산업의 지속적인 성장과 외국 자본의 유입을 장려했으며, 이에 따라 노동자들의 저항을 '치안 교란 행위'로 규정하고 군대를 동원해 파업을 무력으로 진압하기 시작했다. 가르시아 마르께스는 『백년의 고독』에서 이러한 현실을 마꼰도 노동자들의 학살 장면을 통해 문학적으로 재구성했다.

1928년 콜롬비아 산따 마르따주 시에나가에서 발생한 실제 사건은 가르시아 마르께스의 소설 속 노동자 학살과 직접적으로 연결된다. 당시 콜롬비아 군대는 노동자들의 파업을 진압하기 위해 포고령을 발표했다. 1928년 12월 6일, 콜롬비아 시에나가에서 포

〈그림 5〉· 학살당하기 전 역 앞에 모인 콜롬비아 바나나 농장 노동자들 모습.
출처: https://www.colombiainforma.info/

고령 4호가 공표되었으며, 젊은 중위가 이를 낭독했다. 해당 명령문에는 까를로스 꼬르떼스 바르가스 장군과 엔리께 가르시아 이사사 소령의 서명이 포함되어 있었으며, 80단어로 구성된 명령문에는 데모 참가자들을 '불순분자'로 규정하고 필요할 경우 즉각 사살할 권한을 군대에 부여한다는 내용이 명시되었다.

가르시아 마르께스는 이 포고령 4호를 『백년의 고독』속에 그대로 삽입함으로써 노동자 학살 사건이 역사적 사실에 기반하고 있음을 독자들에게 환기했다. 이는 소설의 진실성을 높이는 동시에, 콜롬비아 역사 속 비인간적인 폭력을 고발하려는 작가의 철저한 역사적 인식을 반영한 것이다.

정부는 포고령 발표를 통해 학살의 정당성을 확보했으며, 이후 모든 공식 기록을 조작하여 진실을 은폐했다. 공식 발표에 따르면, 노조와 회사는 원만히 타협을 마쳤으며, 사망자는 없었고, 바나나 회사는 단순히 폭우 때문에 잠시 휴업한 것이라고 전했다. 이러한 거짓된 발표는 공식 기록으로 남았으며, 점차 많은 사람들이 이를 사실로 받아들이게 되었다.

대량 학살에서 살아남은 호세 아르까디오 세군도는 정부의 후속 조치를 목격하면서, 정보 독점과 진실 왜곡이 어떻게 역사를 조작하는지를 깨닫는다. 그는 조카 아우렐리아노에게 "잘 기억해 두어라. 3천 명 이상의 사람들이 바다에 던져졌다는 사실을."[6]이라는 유언을 남기며 왜곡된 역사를 바로잡고자 했다.

그러나 정보 부족 속에서 정부 발표만을 신뢰하는 마꼰도 주민들은 오히려 호세 아르까디오 세군도의 주장을 터무니없는 말로 치부했다. 시간이 지나면서 사람들은 학살이 실제로 존재했는지를 의심하기 시작했고, 역사가들의 공식 기록과 교과서에 실린 조작된 해석이 사람들의 기억을 더욱 흐려 놓았다.

주민들은 모두 대학살의 진상을 모른 채, 학살이 행해진 날부터 쏟아지는 비 때문에 오직 집안에만 틀어박혀 지내야 했다. 이 비는 4년 11개월하고 이틀 동안 계속 퍼부어 홍수를 이루었다. 바나나 회사는 마꼰도에서 철수했다. 집들은 이끼가 끼고 녹이 슬고, 가축들은 병으로 죽어 갔다. 농장은 황무지로 변해 버리는 등 장

---

[6] Ibid., p. 298.

마가 끝난 후 마을의 모습은 폐허와 같았다.

　마꼰도가 이렇게 황폐하게 된 것은 바나나 회사가 철수했기 때문이라고 사람들은 믿고 있었다. 그러나 이것은 사실이 아니었다. 회사가 학살의 책임을 회피하고 마을을 떠나기 위해 인위로 장마를 내리게 한 것이고, 이 장마가 마을의 모든 경제 활동을 마비시킴으로써 외적, 내적으로 피폐해진 것이다. 회사의 기사들이 노무자들과 한 약속을 회피할 목적으로 홍수를 불러들인 것이었다.

　즉 회사가 출현할 때부터 마꼰도의 쇠퇴는 이미 결정된 것이었다. 그러나 정부의 공식 발표만이 유일한 판단 기준이 된 주민들에게 아우렐리아노의 주장은 의미가 없었다. 게다가, 주민 모두 건망증에 걸려, 심지어는 마을에 회사가 존재했다는 사실조차 잊게 되었기 때문이다. 그럼에도 아우렐리아노는 학살 사건의 진상을 끝까지 주장한다. 그의 고독한 외침 속에는 가르시아 마르께스가 『백년의 고독』을 통해 이행하고자 하는 작가의 사회적 기능이 함축되어 있다. 즉 당국의 허위와 기만으로 날조된 역사를 고발하려는 것이고, 당국이 왜곡하고 숨긴 진실한 역사 회복을 꾀하려는 노력이다. 이러한 작가로서 해야 할 사회적 기능 수행 욕구가 아우렐리아노와 호세 아르까디오 세군도라는 인물들의 목소리를 통해 밖으로 표출된 것이다.

　『백년의 고독』에서 정부와 회사의 헤게모니 권위는 기존 체제와 질서 수호의 이데올로기를 정당화하려는 것으로 나타난다. 변화를 거부하는 그들의 이데올로기는 봉건주의적 요소와 자본주의적 요소가 혼합된 사회 특유의 것으로, 끊임없이 재창출되는 경제력 우위에 바탕을 두고 있다. 이러한 이데올로기는 엄격하게 계층화된 세계관을 보여준다. '가진 자'와 '못 가진 자'들과의 불평등 관계를 당연시한다. 따라서 이에 순응하지 못하는 노동자와 빈곤층은 그들과 조화를 이루지 못하고 직접적 반대 의사를 표현하게 된다. 착취를 심화시키는 권력 남용에 대한 명확한 반대 표시로 분출된 사건이 노동자들의 동맹 파업이다.

파업을 상반된 권력의 대립 투쟁으로 고찰해 보자. 하층계급(노동자)에서 상층계급(정부, 회사)을 보는 시각에 의하면, 파업 행위는 현존 질서를 타파하고 변화시키려는 희망의 표출이다. 바나나 농장이 출현하면서 자본주의적 행태로 고착된 불평등 체제를 평등과 정의의 사회 체제로 변화시키려는 것이다. 이러한 시각의 축에는 반란, 불복종, 평등이라는 동위원소들을 내재하고 있다.

반면에 상층계급에서 하층계급을 보는 시각으로는, 파업을 진압하는 능력은 지배계급에 유리한 질서 재창출에 필요불가결한 요소이다. 현 사회 체제에 의해 이루어진 기득권과 특권을 보호하기 위한 수단인 것이다. 따라서 이런 행동양식은 자연히 탄압, 복종, 권위, 불평등, 불의라는 동위원소들에 근거하게 된다.

양 계급 사이 대립의 산물인 파업은 무력 진압으로 실패하게 된다. 노동자 계급이 요구했던 노동 조건 개선 등의 정신적, 물질적 혜택을 전혀 받지 못하게 된 것이다. 이는 각종 정보, 법적 정당성, 군대 등의 수단을 지배했던 정부와 회사의 우월성에 기인한 예견된 결과이다.

지배계급에서 볼 때, 파업이란 정치, 경제, 사회적 통치를 가능하게 했던 권위와 권능의 총체인 헤게모니를 위협하는 파괴적 행위인 것이다. 따라서 기존의 헤게모니를 유지하길 갈망하던 정부와 회사는 그들의 욕구를 실현할 수 있는 잠재 능력을 소유하고 있어서 노동자들의 노동 조건 개선 요구를 묵살하고 파업을 진압할 수 있었다. 그러므로 지배계급이 지닌 능력은 어떤 형태로든 피지배계급에 대한 통치를 짐작하게 하며, 이로써 사회적 불균형과 부조화가 유발된다.

5 문학으로 저항한 작가, 가르시아 마르께스

마꼰도라는 작은 마을을 배경으로 펼쳐지는 『백년의 고독』은 단순한 지역사의 기록이 아니다. 작품 속에서 우리는 부유와 빈곤, 착취와 굴욕, 불의와 정의, 보수와 개혁, 지배와 피지배 등 복합적인 갈등 관계를 목격한다. 가르시아 마르께스는 이념과 계급 간 대립을 날카롭게 포착하면서도 문학적 형식과 내용, 이야기와 담론의 균형을 맞춰 서사적 독창성을 유지한다.

그가 다루는 문제는 정치·사회적 영역에 국한되지 않는다. 가르시아 마르께스는 부조리한 현실과 인간 존재의 의미에 대해 끊임없이 질문을 던진다. 그의 소설 속에서 등장하는 억압과 착취, 불평등은 콜롬비아뿐만 아니라 라틴아메리카 전역에서 반복되는 역사의 그림자다. 가르시아 마르께스는 이를 단순한 묘사가 아닌, 문학적 고발로 확장하며, 시대를 초월한 인간의 문제로 제시한다.

가르시아 마르께스가 바라본 라틴아메리카 역사의 뿌리는 '폭력'이다. 하지만 그는 폭력 자체를 강조하는 것이 아니라, 그 폭력이 인간에게 남긴 흔적과 그것이 사회에 미친 영향을 문학적으로 형상화한다. 그의 작품이 단순한 역사소설을 넘어서는 이유는 바로 여기에 있다. 그는 사망자 명단을 나열하거나 전투의 잔혹함을 상세히 묘사하는 대신, 그 폭력을 경험한 생존자들의 내면과 그들이 살아가는 사회를 포착하고자 했다.

그는 역사적 현실을 시적이고 환상적인 방식으로 풀어낸다. 현실을 그대로 묘사하는 것이 아니라, 문학적 상상력으로 변형하여 새로운 의미를 부여한다. 이를 통해 『백년의 고독』은 단순한 역사적 재현을 넘어, 인간성과 사회적 구조를 탐구하는 하나의 철학적 담론으로 확장된다.

가르시아 마르께스는 단순히 과거를 묘사하는 것이 아니라, 현재까지 이어지는 사회적 불평등을 조명한다. 그는 자본주의적 방식으로 고착된 불공평한 체제의 문제점을 제기하며, 정의롭고 합리적인 사회 구조를 위한 변화를 요구한다. 이러한 비판은 단순한 정치적 구호가 아니라, 인간이 소외되지 않고 주체성을 유지할 수 있는 환경을 형성해야 한다는 깊은 인식을 기반으로 한다.

그가 꿈꾸는 사회는 권력과 힘의 논리에서 벗어나, 이성과 합리성에 기반한 구조다. 개인의 자유와 존엄성을 보호하는 사회 환경 속에서 인간이 자신의 본성을 잃지 않고 존재할 수 있는 공간을 만들어야 한다는 것이다. 이는 단순한 이상향이 아니라, 현실을 바꾸기 위한 문학적 투쟁의 일부로 볼 수 있다.

가르시아 마르께스는 인간적인 삶의 공간을 창조하는 것이 궁극적인 목표였다. 수많은 전쟁과 폭력 속에서도 라틴아메리카인들이 살아남고자 했던 이유는 결국 사랑과 행복이 가능한 공간을 만들기 위함이었다. 가르시아 마르께스는 백 년 동안의 고독을 선고받은 부엔디아 가문과 마꼰도 노동자들이 다시 새로운 기회를 맞이해야 한다고 주장한다.

그는 이러한 희망을 유토피아적 비전으로 설정하며, 역사의 반복 속에서도 인간이 변화를 갈망하고 있다는 점을 강조한다. 그동안 라틴아메리카인들이 온갖 억압과 수탈에 맞서 투쟁해 온 것도, 홍수나 페스트, 굶주림과 대격변, 전쟁을 끈질기게 극복해 온 것도 모두 사랑과 행복이 가능한 공간을 만들기 위해서였다는 것이다. 그 꿈은 단순한 환상이 아니라, 현실에서 이루어질 가능성을 지닌 인간의 본질적 열망이다.

그래서 가르시아 마르께스는 단순한 소설가가 아니라, 라틴아메리카의 역사적 정체성을 탐구하는 사상가였다. 그는 "작가의 혁명적 임무는 무엇보다 잘 쓰는 일이며, 우리의 정체성을 확립하는 데 기여할 문학을 창조하는 것"[7]이라고 말했다. 『백년의 고독』은 이러한 목표를 충실히 수행하며, 역사적 진실을 회복하고 재평가하려는 노력을 보여준다.

그는 가장 혁명적인 글쟁이로 평가받는다. 그의 작품은 단순

---

[7] 마누엘 뻬레이라, "마르께스와의 대담", 가브리엘 가르시아 마르께스, 홍보업 옮김, 『아무도 대령에게 편지하지 않다』, 민음사, 1977, pp. 270-271.

한 이야기 그 자체를 넘어선다. 그는 문학을 통해 한 시대를 살아가는 집단의 이상과 열망을 드러내며, 현실의 부조리를 파헤친다. 『백년의 고독』은 역사적 기억을 복원하고, 잊힌 진실을 다시금 떠올리는 하나의 문학적 선언이기도 하다.

제 4 장

침묵을 넘어선 기록,
독재 정권에 맞선 내면의 목소리:
아리엘 도르프만의 작품을 중심으로

1 칠레의 역사를 그린 작가, 아리엘 도르프만

아리엘 도르프만(Ariel Dorfman, 1942-)은 삐노체뜨(Augusto Pinochet, 1915-2006) 정권 아래에서 정치적 박해를 피해 망명해야 했던 작가이자 지식인이었다. 그는 독재와 탄압을 고발하는 문학을 통해 침묵당한 이들의 목소리를 되살리는 데 평생을 바쳤다. 삐노체뜨의 쿠데타 이후 도르프만은 조국을 떠나 여러 나라를 떠돌며 망명 생활을 이어갔다. 그러나 그의 문학은 단순히 독재의 폭로에 머물지 않았다. 그는 독재가 개인과 사회를 어떻게 변화시키는지를 분석하면서, 미래에 대한 희망을 놓지 않았다.

도르프만의 작품은 망명과 저항의 문학적 기록이자, 기억을 유지하고 역사적 정의를 찾으려는 투쟁이다. 그의 글쓰기는 단순한

〈그림 1〉 • 아리엘 도르프만.
출처: 위키피디아

창작이 아니라 잊히지 않으려는 노력이며, 억압받은 이들의 존재를 증명하려는 문학적 몸짓이다.

아르헨티나에서 태어난 그는 친파시스트 성향의 라미레스(Pedro Pablo Ramírez, 1884-1962) 정권이 들어서면서 두 살 때 가족과 함께 미국으로 이민을 떠난다. 그러나 이는 도르프만의 삶을 극적으로 만드는 이주와 망명의 서곡에 불과했다. 유년기를 채 마치기 전인 열두 살 때 다시 칠레로 갔다가 민주화 운동에 투신하여 1970년 아옌데(Salvador Allende, 1908 – 1973)를 대통령으로 만드는 데 기여한다.

그러나 1973년 삐노체뜨가 정권을 잡자 서른한 살의 나이에 다시 미국으로 망명한다. 1990년 민간 정부가 들어선 칠레로 잠시

귀환했다가 다시 미국으로 돌아와 영구 정착했다. 1985년부터 듀크대학교에서 라틴아메리카 문학을 가르치고 있다. 인생을 결정짓는 역사적 순간을 체험한 그의 삶은 어느 문학 작품보다 더 극적이다. 부초처럼 이 나라 저 나라를 전전하는 유배의 삶의 흔적과 고독감, 상실감, 단절감이 작품 곳곳에 묻어나는 것도 이런 연유에서다.

아리엘 도르프만의 작품 세계는 칠레의 아옌데 혁명과 삐노체뜨에 대한 반혁명이 기저를 이루고 있다. 아옌데 정부에서 문화 보좌관을 지낸 그는 모네다 대통령 궁에서 아옌데 대통령과 최후를 같이 하지 못한 것을 못내 아쉬워한다. 누군가 살아남아서 사건의 진실을 말해야 한다는 동료의 배려 때문에 목숨을 구한 것이었다. 그는 이 말을 마치 종교적 신념처럼 명심하며 평생 칠레에 관한 이야기를 쓰고 있다. 그의 작품 대부분은 쿠데타의 악몽에 시달리는 기억을 다루고 있으며, 주로 독재 정치가 개인과 사회에 입힌 상처가 얼마나 깊고 그 상처를 어떻게 치유할 것인가 하는 문제에 초점이 맞추어져 있다.

아리엘 도르프만의 문학 세계는 다채롭고도 깊이 있는 탐구를 기반으로 한 글쓰기의 확장성을 보여준다. 그는 대중문화 비평, 희곡, 소설, 시 등 여러 장르를 넘나들며 문학적 실험을 거듭해 왔다. 『도널드 덕을 어떻게 읽어야 하나(*Para leer al Pato Donald*)』(1971)에서 그는 대중문화 속에 스며든 정치적 이데올로기를 분석했고, 『죽음과 소녀(*Death and the Maiden*)』(1992)에서는 독재 정권의 폭력과 그것이 인간관계에 남긴 상흔을 심리적 긴장감 속에서 풀어냈다. 1992년 발표된 희곡 『죽음과 소녀』는 영화화되어 로만 폴란스키가 감독하고 시고니 위버와 벤 킹슬리가 주연을 맡기도 했다.

도르프만의 문학은 단순한 장르적 변주를 넘어 시대를 반영하는 창으로 기능한다. 회고록 『남을 향하며 북을 바라보다(Heading South, Looking North)』(1998)와 『아메리카의 망명자(Exorcising Terror: The Incredible Unending Trial of General Augusto Pinochet)』(1998)는 그의 개인적 체험과 정치적 맥락을 결합해, 남미에서 망명한 작가가 세계적 시민으로서 어떻게 정체성을 형성하는지를 보여준다. 『국토안보부가 내 연설문을 삼켰습니다(The Homeland Security Ate My Speech)』(2017)는 현대 정치에서 표현의 자유와 검열 문제를 날카롭게 조명하는 저술이다.

그런데도 도르프만의 문학적 유산에서 가장 빛나는 부분은 소설이다. 그는 희곡과 시에서도 뛰어난 성취를 보였지만, 그의 서사적 구성과 역사적 시각이 가장 완벽하게 조화를 이루는 곳은 소설 속에서다. 그의 문학적 위상은 가브리엘 가르시아 마르께스와 비교될 정도로 높이 평가받으며, 단순한 정치적 고발을 넘어 기억을 되살리는 문학, 과거와 현재를 잇는 문학, 그리고 미래를 향한 희망을 담은 문학으로 자리매김했다. 도르프만의 글쓰기는 역사적 망각에 맞서 싸우는 과정이며, 그의 문학적 실천은 단순한 창작이 아니라, 억압된 이들의 목소리를 되살리고자 하는 저항의 행위다.

아리엘 도르프만의 문학은 정치적 억압과 역사적 상흔을 넘어 인간성과 기억의 본질을 탐구하는 강렬한 여정이다. 그의 작품 세계를 보면, 1980년대까지는 아옌데 정권의 재평가와 삐노체뜨 독재 정권에 대한 날카로운 비판이 중심이었지만, 1990년대 이후에는 칠레의 민주화 과정과 망명이라는 역사적 경험을 문학적으로 형상화하는 데 더욱 집중하게 된다. 이러한 흐름 속에서 『눈을 키워라(Cría ojos)』(1979), 『과부들(Viudas)』(1981), 그리고 『유모와 빙산(La Nana y el Iceberg)』(1999)은 각 시대를 대표하는 도르프만의 연작이라 할 만하다.

『눈을 키워라』와 『과부들』은 독재 체제의 폭압과 학정을 정면으로 비판하면서도, 그 속에서 살아가는 민중의 척박한 삶을 생생하게 그려낸다. 그러나 도르프만은 단순히 현실을 재현하는 데 그치지 않고, 억압받은 민중을 상상의 세계 속에서 온전히 복원하려 한다. 그는 죽은 자들조차 되살려내어 그들과 대화를 나누게 함으로써 역사적 기억을 확장하며, 새로운 삶의 가능성을 모색한다. 이러한 시도는 단순한 현실 폭로를 넘어 문학이 만들어낼 수 있는 해방의 가능성을 탐구하는 과정이기도 하다.

한편 『유모와 빙산』은 1992년 스페인 세비야에서 열린 국제박람회에서 칠레가 실제 빙산을 떼어와 전시하며 국가의 위상을 드러내려 했던 사건을 소재로 삼고 있다. 혁명 2세대의 눈을 통해 삐노체뜨 실각 이후 칠레 사회의 현실과 나아갈 방향을 제시하는 이 작품은, 근대화를 향해 전진하면서도 전통과 역사의 무게에 억눌린 칠레의 혼란을 치밀한 서사 구조 속에서 담아낸다. 유모라는 인물은 단순한 가정적 역할을 넘어 국가의 정체성과 미래를 상징하는 존재로 기능하며, 도르프만은 이 작품을 통해 화합과 재생이라는 보다 근본적인 주제를 탐구한다.

이 글의 분석 대상인 이 세 작품은 삐노체뜨 쿠데타 이후 칠레의 정치적 현실과 사회적 변화를 문학적으로 압축해 낸 작품들로, 도르프만의 풍부한 예술적 감각과 독창적 서사 능력을 뚜렷하게 보여준다. 그의 문학은 단순한 역사적 기록이 아니라, 과거와 미래를 이어주며 기억을 통해 희망을 잉태하는 공간을 창조한다. 이러한 접근 방식은 독재와 저항의 문제를 넘어, 인간이 어떻게 상처를 극복하고 더 나은 사회를 만들어 갈 수 있는지에 대한 깊은 성찰을 제공한다. 도르프만의 작품은 단순한 비판을 넘어 문학이 가져야 할 윤리적·철학적 책임을 묻는 중요한 발화점이 된다.

2 『눈을 키워라』: 독재와 억압 속 흔들리는 민중의 삶

『눈(目)을 키워라』는 아리엘 도르프만이 독재 정권 아래에서 살아가는 인간의 삶을 탐구한 강렬한 작품이다. 총 14편의 작품이 수록된 이 단편집은 3부로 구성되어 있다. 각 부는 독재 사회의 억압과 그 속에서 살아남으려는 개인과 공동체의 모습을 다양한 시각으로 보여준다.

제1부 〈눈까풀(Párpados)〉에서는 가족 관계의 위기를 중심으로 이야기가 전개된다. 도르프만은 가족이 독재 사회에서 유일한 안식처가 될 수 있음을 강조한다. 눈까풀이 눈을 보호하는 것처럼, 가족은 개인이 외부의 폭력과 억압으로부터 자신을 지킬 수 있는

공간이다. 그러나 독재 체제 아래에서는 가족의 결속이 위협받으며, 사회적 불안과 감시의 구조 속에서 가족 내 갈등과 긴장이 커져 간다. 그는 이를 통해 독재가 단순한 정치적 압박을 넘어 인간관계의 근본적인 구조를 흔드는 방식으로 작용하고 있음을 보여준다.

제2부 〈까마귀(Cuervos)〉에서는 폭력과 잔혹성이 주요한 주제로 등장한다. 독재를 유지하는 데 필요한 가장 중요한 요소는 폭력이며, 도르프만은 이를 가감 없이 드러낸다. 까마귀는 억압과 파괴의 상징으로 나타나며, 전체주의적 사고방식을 지닌 자들이 얼마나 혹독하게 타인을 다룰 수 있는지를 보여준다. 그는 독재가 인간성을 말살하는 과정을 통해, 개인이 어떻게 사회적 구조 속에서 대상화되는지를 탐구한다. 이 부에서는 정치적 고문, 강제 실종, 그리고 인간의 삶을 무가치한 것으로 여기는 체제의 냉혹함이 반복적으로 등장한다.

제3부 〈눈(Ojos)〉에서는 앞선 두 과정—가족의 붕괴와 폭력의 지배—를 지나면서 분열한 민족의 위험성을 경고한다. 독재 정권이 개인을 파괴하는 방식은 궁극적으로 사회 전체를 분열시키며, 도르프만은 이를 매우 사실적으로 묘사한다. 하지만 마지막 부분에서는 희망의 가능성이 드러난다. 독재의 억압 속에서도 인간은 저항하며, 기억과 연대를 통해 새로운 길을 모색할 수 있음을 암시한다. 도르프만은 단순한 절망과 비극의 반복을 넘어, 독재를 넘어서는 인간의 가능성과 회복력을 문학적으로 형상화한다.

이 작품에서 도르프만은 독재 사회를 다양한 시선으로 바라보며, 인간이 처한 절망적 상황을 분석한다. 그는 역사적 사실을 사실적으로 서술하는 대신, 상징과 은유를 사용하여 독재 정권의 본질을 더욱 강렬하게 전달한다. 특히 까마귀, 눈, 눈꺼풀과 같은 상징적 이미지를 통해 독재가 인간과 사회에 미치는 영향을 시적으로 표현한다.

아리엘 도르프만은 이 작품의 제사(題詞)에서 〈Cría ojos y te sacarán los cuervos〉라고 썼다. 〈Cría cuervos y te sacarán los ojos〉라는 스페인어권 속담을 패러디한 것이다. '까마귀를 기르면 그 까마귀가 오히려 당신의 눈을 뽑아버릴 것이다'라는 의미를 지닌 이 속담은 한편으로는 '배은망덕'한 행동을 꾸짖으며 또 한편으로는 그런 일을 당하지 말도록 조심하라는 뜻을 담고 있다. 여기서 까마귀는 '폭력'을 상징한다. 아리엘 도르프만이 작품의 제목을 '눈을 키워라(Cría ojos)'라고 한 것도 까마귀의 배은망덕과 폭력을 상징적으로 나타내면서 피해당하지 않으려면 눈을 크게 뜨고 주의를 기울이라는 충고를 함축하고 있다.

이 작품은 삐노체뜨가 쿠데타로 정권을 잡은 이후 군사 정권이 국민을 상대로 행한 직·간접적 폭력과 그 영향, 결과를 고발한다. 정치적 반대자에 대한 고문, 살해는 물론 언론 통제 등을 통한 역사 왜곡과 공포 분위기 조성 등 국민의 일상생활에 얼마나 많은 부정적 영향을 끼쳤는가를 지적하고 있다. 모든 단체와 조직의 구성원들 사이에서 발생하는 이데올로기적 대립 관계와 갈등을 잘 묘사하고 있다. 최소 단위인 가족 내에게서까지 벌어지는 이데올로기적 갈등과 분열상의 묘사는 군사 정권이 국민에게 준 마음의

〈그림 2〉 • "까마귀를 기르면 그 까마귀가 오히려 당신의 눈을 뽑아버릴 것이다"라는 속담을 표현한 그림.
출처: heraldodemexico.com.

상처가 얼마나 큰가를 잘 반영한다. 그래서 전체적으로 음습하며 폭력적이고 회색빛 분위기를 연출한다. 군사 정권의 암울한 분위기를 제대로 드러내고 있다. 이 작품이 1986년에 칠레에서 『군인을 위한 단편(*Cuento para un soldado*)』이라는 제목으로 재출간된 사실을 생각하면 분위기를 짐작할 수 있을 것이다.

(1) 흔들리는 민중의 삶

『눈을 키워라』는 가정의 소중함을 다룬 첫 번째 단편 「가족」으로 시작한다. 휴가 나온 아들이 버스를 타고 집에 오는 것조차 미안한 마음이 들 정도로 가난한 가정의 모습이다. 과거에도 가난했으나 최소한 식구들끼리는 화목했었다. 그런데 아들이 삐노체뜨 정권하에서 군대에 입대하자 사정이 달라졌다. 아들이 휴가를 나와도 아버지는 아는 척을 하지 않을 정도로 부자 관계가 멀어졌다. 단순히 아들이 삐노체뜨 군에 입대했다는 사실 때문이었다. 아버지는 열렬한 아옌데 지지자였다. 삐노체뜨 정권이 들어서면서 아버지는 아들의 군 입대가 못마땅하다. 아들을 쿠데타 세력 살인자들과 공모자라고까지 생각한다. 아들이 군복을 입고 있는 것조차 수치스럽게 생각한다.

아버지는 일거리가 없어 시내만 나오면 기운이 없고 풀죽은 모습을 보인다. 그런데 동지들이 모여 사는 판자촌에 이르면 언제 그랬냐는 듯 활기찬 모습을 보인다. 당당하고 의기양양하다. 반면 아들은 자신이 자랐던 판잣집들 사이에서 이름 없는 침입자가 되어 있었다. 고향이 낯설기만 하다. 아들은 어느새 완벽한 이방인이 된 것이다. 아옌데 정권에서 삐노체뜨 정권으로 바뀜에 따른 지배 이데올로기의 급격한 변화가 시골 가정의 가족 관계마저 해체 위기에 빠뜨린 것이다. 이와 같이 「가족」에서는 아옌데 지지자였던 아버지의 시각을 통해 칠레의 참담한 현실이 삐노체뜨 군사정권 탓이라는 비판을 가하고 있으며, 삐노체뜨 군의 군복을 입은 아들은 그런 현실 앞에서 무력감을 느낄 뿐이다.

경제적 어려움도 가족 관계 해체에 상당히 기여한다. 통치자가 바뀌었다고 해도 기층민들의 경제적 여건이 나아진 것은 아니다. 민중은 늘 고단하다. 경기가 나쁜 탓도 있지만 「가족」에서의 아버지처럼 아옌데 정권 지지자들에게는 아무도 일자리를 주지 않는다. 날품팔이라도 하고 싶으나 그것도 여의치 않다. 그러니 새벽부터 줄곧 일자리를 찾느라고 버텨왔던 다리에 묻은 먼지를 털어내는 것이 민중의 마지막 일과일 뿐이다.「가족」에서 아버지의 다리에 먼지가 얼마나 많이 묻었던지 아버지가 마치 사하라 사막을 횡단한 것 같았다고 묘사하고 있다.「외로운 이의 투고란」에서는 기름 한 병, 설탕 한 파운드를 타기 위해 줄을 서 있어야 한다고 말하는 어느 애국 여인의 편지가 소개된다. 당시 민중의 삶이 얼마나 척박했었는지 알 수 있게 해준다. 민중의 어깨를 짓누르는 삶의 무게를 느끼게 한다.

절대적인 빈곤도 문제지만 상대적인 빈곤감의 확인은 민중을 더욱 절망스럽게 만든다.「검열 구역」에서 '초인종'은 빈자와 부자를 가르는 상징적 역할을 한다. '그'가 8개월의 실업자 생활 끝에 어렵게 직장을 얻었다. 오직 이 회사만이 면허를 가지고 있는 매우 특별한 초인종을 판매하는 일이다. 이 초인종은 껍데기와 알맹이를 구분할 줄 안다. 집안 친구들을 훤히 알고 있어서 믿을 만한 사람들한테는 아예 당도하기도 전에 자동으로 문을 열어준다. 주인을 성가시게 하는 거지, 행상인, 잡상인 등을 구별하는 초인적 능력이 있다. 그들이 초인종을 누르면, 초인종에 붙은 작은 전극봉(電極棒)은 그들의 손가락을 찌르고 피부를 공포에 떨게 하며, 몇 초 동안 숨도 못 쉬게 할 정도로 고통스러운 마비 증세를 맛보게 한다. 아무도 초인종을 속일 수는 없다. 초인종은 부자와 거지를 구분할 줄 알고, 집주인의 우월 의식을 지켜주며, 가능한 모든 사생활 침해의 위협으로부터 집주인을 해방하는 완벽한 해결사다. 그래서 아리엘 도르프만은 이 초인종을 '집사 중의 집사'라고 부르며, '초인종 씨, 문지방 전하, 문지기 각하, 전기 경'과 같이 의인화하면서 극존칭을 사용하기도 한다. 또한 바깥 생활의 자극으로부터 고립되는 가정이 오히려 현대적인 가정이라고 역설적으로 표현한다.

아리엘 도르프만의 역설적 표현이 가장 두드러지는 대목은 「검열 구역」의 마지막 부분이다. 부자와 가난한 자들을 구별하여 부자들만을 공략하는 판매 목표를 세웠지만 이 초인종의 최대 피해자는 바로 그 초인종 판매자들이라는 사실이다. 초인종 예찬으로 끝난 판매 강좌를 듣고 정작 방문 판매를 하지만 결과는 자명하다. 그 초인종 때문에 접근조차 할 수 없다. 작품 속에서 '그'도 이런 사실을 너무 잘 알고 있다. 그래서 "초인종을 누르기 직전에 그는 뭔가를 깨달은 듯 물러서고 싶어 한다. 그는 뭔가를 감지하지만 마치 손가락에 대한 통제력을 상실한 듯 자신의 손가락이 비정하게 더 가까이 다가가는 광경을 본다. 이것이 아침나절의 첫 번째 판매가 될 것인데 그는 너무 불안하다. 초인종을 건드리기 전에 그는 자신의 살이 외치는 명확한 절규를 듣고는, 이 집에서도 다음 집에서도 다음다음 집에서도 그 제품을 팔 수 없을 것임을 분명히 이해한다."[1] 자신들의 이익 추구와 삶의 개선을 위해 만든 제품이 궁극적으로는 자신들의 설 자리를 더욱 협소하게 만

---

1) Ariel Dorfman, *Cría ojos*, México: Editorial Nueva Imagen S.A. 1979, p. 141.

드는 부조리를 극적으로 표현하고 있다.

「검열 구역」은 빈부격차 문제가 가족의 해체를 지나서 사회 계층 간의 분화로 이어짐을 풍자와 역설로 잘 표현한 작품이다. 부자들은 자신들만의 세계를 더욱 공고히 만들려 하고 가난한 자들과의 공유를 거부하며, 가난한 자들은 아무리 노력해도 그들과의 괴리를 좁힐 수 없는 것이 현실이다. 그럴수록 가난한 자들의 박탈감, 상실감은 더욱 커지고 삶의 의미를 잃어 가는 현실을 꼬집고 있다.

(2) 독재 정권의 폭력과 통제

아리엘 도르프만이 『눈을 키워라』에서 강조하는 또 하나의 문제는 정치적 박해와 정부의 폭력성 고발이다. 숨겨진 진실에 대해 증언하고 독재 정권의 야만성을 폭로한다. 세상이 당연하게 여기는 문제에 대해서도 끊임없이 의문을 제시한다. 그는 출판 통제도 정치적 박해의 중요한 형태로 간주한다. 출판 검열은 정권에 대한 비판을 원천적으로 봉쇄하려는 의도의 표출이기 때문이다.

검열의 문제를 다룬 「독자」에서는 밖으로 드러나지 않으면서도 대중의 사고를 교묘하게 통제하는 정권의 간계를 고발한다. 아리엘 도르프만이 망명 작가라는 점을 고려하면 검열의 문제를 중시하는 그의 태도와 메시지를 충분히 이해할 수 있다. 제목의 '독자'는 일반 대중이 아니라 항상 작품을 최초로 읽는 '검열관'을 의미한다. 독자를 친근한 존재, 의사소통이 가능한 존재가 아니라 감시자 혹은 적대자의 의미로 표현한 것이다. 「독자」의 주인공 돈 알폰소는 '교황'이라는 별명을 얻을 정도로 냉혹한 판단을 내리는 검열관이다. 정보부의 지시를 원리 원칙대로 엄격하게 수행한다. 자신의 직업이 창피하고 비참하다는 것을 인식하고 있지만 오직 아들을 의사로 만들기 위해 자신의 임무에 충실한 인물이다. 그는 능력을 인정받아 정보부 검열 국장의 총애를 받는다. 검열이 철저히 시행되자 출판업자들은 수천 부의 책이 정보부의 창고 속에서 썩어 가는 꼴을 보지 않기 위해서 자연스럽게 냉철한 자기 검열자로 변하고 만다.

어느 날, 돈 알폰소는 『변모』라는 소설을 검열한다. 서기 8000년경 가상의 독재 정권기를 배경으로 한 소설이다. 민중의 불만이 엄청나서 독재 정권은 이제 곧 민중의 봉기에 의해 망하기 일보 직전이다. 그런데 소설은 어느새 하찮은 하급 행정관리인 호세 꼬르도바에게 초점이 맞추어지는데, 정권의 몰락을 위해서는 이 관리의 협력이 필수적이다. 이 관리가 정부의 마지막 버팀목 역할을 하고 있다. 그러나 소설에는 이 관리가 정부의 전복을 위해 어떻게 해야 할지에 대해서는 언급이 없었다. 이 소설을 읽던 돈 알폰소는 호세 꼬르도바가 바로 자신임을 직감적으로 깨닫는다. 지나치리만큼 세밀히 묘사된 호세 꼬르도바의 모습, 행동, 버릇, 일상생활 등이 자신과 너무 흡사했다. 호세 꼬르도바 아들의 모습도 자기 아들 모습과 흡사했다. 정부 전복을 예측하고 당국을 비웃는 이 소설은 출판보다는 자신을 조롱하기 위해 누군가의 장난으로 쓰였다고 생각했다. 그래서 돈 알폰소는 출판업자로 가장하여 그 소설의 작가 알바로 빠라다를 찾아간다.

현 정부를 '똥 덩어리 정부'라고 격렬하게 비난하는 알바로와 논쟁을 벌이면서 돈 알폰소는 자신도 모르는 사이에 그의 의견에 동화됨을 느낀다. 알바로는 자신의 정치적 의견을 대중에게 알리는 것이 일생의 꿈이며, 이를 실행하지 않는 것은 인간적 존엄성을 잃는 것이라고 주장한다. 이에 감화를 받은 돈 알폰소는 자신의 자리를 걸고 이 소설에 대해 '무조건 인가' 판정을 내린다. 이 소설은 출판되자마자 공전의 히트를 기록한다. 정부에 대한 공격적 내용 때문에 판금 조치 될 것이 분명하기에 사재기가 극성을 부릴 정도다. 소설의 마지막 부분에서 돈 알폰소의 안위가 불안해짐을 암시하면서 끝나는 이 소설은 결국 글쓰기의 힘이 얼마나 큰가를 느끼게 한다. 아리엘 도르프만은 알바로 빠라다라는 젊은 작가를 자신의 분신처럼 등장시켜 자신이 하고 싶은 말을 마음껏 발산케 하고 냉혹한 검열관을 감화시키게 만든 것이다.

아리엘 도르프만은 정권의 폭력과 고문의 현장을 생생히 표현하기도 한다. 「상담」에서는 고문자인 중위와 피고문자인 '당신'과의 대화와 취조실 분위기를 실감 나게 묘사한다. '당신'의 직업은 외과의사다. 작품의 초반부는 중위가 의사에게 다이어트 방법에 대해 질문하는 것으로 시작된다. 그러나 실상은 그렇게 여유롭지 않다. 고문대에 묶인 의사는 온몸이 만신창이다. 그저 작은 컵으로 한 잔의 물을 마시는 것이 소원일 정도로 다급하다. 반복되는 매질에도 익숙해졌다. 그런 의사를 상대로 고문자가 한가롭게 자신의 다이어트에 대해 상담하고 있다. 도르프만 특유의 아이러니

〈그림 3〉・칠레 삐노체트 쿠데타 당시 군인들과 체포되는 시민들.
출처: AP 통신.

한 서술 구조다.

사방이 꽉 막힌 취조실, 냉기 어린 콘크리트 바닥에서 발가벗은 채 고문받는 의사가 할 수 있는 일이란 아무것도 없다. 무기력할 뿐이다. 비밀 병원들에 대한 추측, 있지도 않았던 내전을 대비한 음식물 비축, 부상자들을 위한 비밀 병동 등 터무니없는 온갖 죄상을 인정하느니 차라리 어처구니없는 중위의 상담에 응해 주는 것이 더 나을 정도다. 화장실에 소변 보러 가는 길이 유일한 자유의 시간이다. 그러나 의사는 정권에 협력하라는 중위의 요구에는 응하지 않는다. 대신 두건 아래로 자신을 짓밟는 군화를 보지 않으려고 눈을 감고는 두 번째 발길질을 기다릴 뿐이다. 극한 상황에서도 양심을 지키려는 주인공의 의지가 빛난다. 독재 정치가 개인들에게 입힌 상처가 얼마나 심각했는지를 잘 보여주는 작품이다. 「상담」을 전체적으로 감싸고 있는 공포는 비단 일개인의 문제가 아니다. 칠레 민중 전체의 문제다. 「횡단비행」에서 아르뚜로가 말하듯이 "공포를 친한 친구처럼 대하는 것"에 익숙해졌다.

「뿌따마드레」에서는 미국 창녀들마저도 이런 군사 독재의 잔혹성을 비판하고 있음을 보여준다. 칠레 훈련선이 샌프란시스코 만에 도착하자 창녀들은 포스터를 붙인다. 그것은 환영의 포스터가 아니었다. 포스터의 배에는 시체들이 쌓여 있고 돛대에는 뒤틀린 형상들이 매달려 있으며, 고통스럽게 비명을 지르는 일그러진 남녀들로 그야말로 아비규환이었다. 글의 내용도 그 못지않게 인상적이었다. '고문(拷問)의 배를 저지하라, 칠레를 보이콧하라.'고 적혀 있었다. 군사 정권의 참담함을 고발하려는 것이다. 칠레의 현실을 칠레인들만의 시각이 아닌 타국인의 시선을 통해 고발함으로써 객관적 자세를 유지하려는 작가의 노력이다.

「상담」에서는 민중 위에 군림하는 군부의 모습을 보여준다. 지금은 군인이 이 나라를 책임지고 있다고 자랑스럽게 주장하는 중위가 등장한다. 안하무인이다. 삐노체뜨 군부 쿠데타가 성공한 지 얼마 지나지 않았기 때문에 군인들의 맹목성이 가장 고조되어 있을 시기였기도 하지만, 이러한 군인들의 자세는 사관생도 시절부터 길러진 것이다. 「뿌따마드레」에서 훈련선을 이끌고 미국 샌프란시스코에 도착한 칠레 해군사관학교 생도들은 군복에 대한 자부심과 마치스모가 매우 강함을 보여준다. 게다가 친미 세력의 일원이 됨을 너무나 기뻐하며 자랑스럽게 생각한다. 삐노체뜨 군부 쿠데타가 미국의 도움을 받아 성공했음을 암시하는 장면도 있다. 게다가 이들은 자신들의 쿠데타가 '자유'를 쟁취하기 위한 반공 투쟁이었다고 확신하면서 친미 반공주의자로서의 면모를 확실히 보여주고 있다.

그러나 이는 명분일 뿐 실제 역사적 사실과는 다르다. 칠레에서는 쿠데타 이후 오히려 자유가 억압되고 불안한 삶이 지속된다. 친아옌데파인 작가가 역설적인 표현을 한 것이다. 그는 삐노체뜨 정권이야말로 민중의 자유를 박탈한 폭압 정권이라고 굳게 믿기 때문이다. 칠레인은 자신들이 테러 집단과 싸운다는 명목으로 자유를 도난당한 점을 반성해야 한다는 것이 도르프만의 평소 생각이다. 바로 이 점이 삐노체뜨 장군과 그 무리가 정권 탈취를 정당화한 방법이기도 하기 때문이다.

그가 가장 경계하는 것은 '공포'를 바탕으로 하는 정치다. 왜냐하면 공포는 일단 국민의 마음을 파먹어 들어가기 시작하고 무소불위의 정부에 의해 조작되고 나면, 이성에 의해 쉽게 뿌리 뽑히지 않기 때문이다. 바로 이 점이 군사 정권이 인권 침해를 자행했음에도 불구하고 대중적 지지를 얻을 수 있었던 비결이기도 하다. 그래서 작가는 칠레의 비극을 통해 전 세계인에게 중요한 메시지를 전달하려고 한다. 그것은 황폐한 칠레의 역사가 지구상 어느 나라에서도 반복되지 않아야 한다는 것이다.

『눈을 키워라』에서는 현실의 구체적인 삶을 작가의 상상력과 결부시켜 아리엘 도르프만 특유의 리얼리즘 세계를 보여준다. 대부분의 단편에서 보여준 상황들은 매우 긴박하고 극적이다. 그러면서도 독특한 환상적 분위기를 담고 있다. 우리에게도 익숙한 억압적 정치 상황을 작가 특유의 상상력으로 형상화함으로써 탁월한 예술적 성취를 보여준 작품이다. 참담한 현실에 온몸으로 맞서는 치열한 작가 의식과 다양한 기법이 돋보인다.

3 『과부들』: 상실과 저항, 고통의 내러티브

아리엘 도르프만의 『과부들』은 1973년 삐노체뜨 장군이 권력을 잡은 후 칠레를 떠나 1976년 덴마크에 정착한 후 쓴 작품이다. 암스테르담에서 시를 쓰던 어느 날 밤, 어떤 이미지가 마치 환각처럼 그에게 떠올랐다. 강가에 있는 노파가 방금 물가로 밀려 나온 시신의 손을 잡는 모습이었다. 그 장면이 과거에도 수 차례 일어났고 앞으로도 일어날 수 있으리라는 생각이 떠올랐다. 도르프만은 그 장면을 즉시 시로 옮겼다. 그 시가 바로 「신원」[2]이다. 노파는 그 시로 인해 비로소 존재하게 되었고, 목소리를 가지게 된 것이다. 그 시를 바탕으로 쓴 작품이 『과부들』이다.

아리엘 도르프만은 처음에 『과부들』을 제2차 세계대전 당시 나치에 점령된 덴마크인 에릭 로만이라는 가명의 작가가 40여 년

---

[2] 이 시는 아리엘 도르프만, 이종숙 옮김, 『산띠아고에서의 마지막 왈츠』, 창작과 비평사, 1998, 35-37쪽에 번역되어 있다.

전에 쓴 것처럼 꾸미려고 했다. 에릭 로만은 나치 게슈타포에 의해 행방불명된 사람이었다. 아리엘 도르프만이 『과부들』을 덴마크어로 쓰인 것처럼 꾸미고 스페인어로 번역된 것으로 가장하려는 계획을 세운 것은, 아리엘 도르프만의 이름으로 출간된 책들은 칠레뿐 아니라 남미의 모든 나라에서 자유롭게 유통될 수 없었기 때문이다. 고민 끝에 덴마크인 저자라는 틀과 그리스적인 배경만 유지할 것을 결정한다. 공간적 배경은 롱가 마을이다. 꼭두각시 군사 정권을 지원하는 독일 군대에 의해 점령된 그리스 수도에서 멀리 떨어진, 문명의 혜택을 덜 받은 마을이다.

그러나 실제로 그리스적인 특징은 전혀 없다. 왜냐하면, 아리엘 도르프만은 자신의 작품을 특정 지역의 사건으로 국한하지 않고, 독자들이 보편적인 문제로 받아들이기를 원했기 때문이다. 그는 독재와 억압이 특정 시대나 국가에만 존재하는 것이 아니라, 역사 속에서 반복될 수 있는 현상임을 강조한다. 따라서 그의 문학은 특정 국가의 만행을 폭로하는 데 그치지 않고, 독자들이 자신의 현실과 연결하여 해석할 수 있도록 유도하는 역할을 하길 원했던 것이다. 도르프만은 이를 통해 독자가 단순한 관찰자가 아니라, 적극적으로 문제를 인식하고 질문을 던지는 존재가 되기를 바랐다. 동시대인끼리 소통할 수 있는 보편성을 중시한 것이다. 시간적 배경은 20세기의 어느 때라고 해도 상관없다. 제2차 세계대전 때라고 하지만 그와 직접적인 관련이 있지는 않기 때문이다.

에릭 로만의 아들이 쓴 〈작가 아들의 전문(前文)〉이라는 도입부는 현실과 허구의 경계를 무너뜨리는 역할을 한다. 그에 의하면,

이 소설은 게슈타포에 체포되기 약 일주일 전에 초고가 완성되어 아버지와 쌍둥이였던 고모에게 전달되었다. 고모는 얼마 후 병석에 눕게 되어 원고의 행방을 알리지도 못한 채 세상을 떴다. 그 후 40년 가까이 지난 얼마 전 이삿짐을 싸다가 우연히 트렁크에 보관된 원고를 발견했다고 한다. 그는 아버지의 유언에 따라 가명으로 출판하게 되었다는 설명도 덧붙이면서, 출판 경위에 대한 모든 설명은 출판사 측의 부탁에 의한 것이라고 밝히고 있다. 이러한 그의 해명은 독자들의 궁금증을 해소하기보다는 오히려 자연스럽게 서술 단계로 들어가기 위한 도입부 역할을 한다.

(1) 살아 있는 망자들

이 작품의 이야기는 마을 강가에 남자 시체 한 구가 떠내려오면서 시작된다. 마을에는 병사들과 족장의 집사 역할을 하는 돈 아르뚜로 외에는 성인 남자들이라곤 찾아볼 수 없다. 그런 마을에 형체를 알아볼 수 없는 신원 미상의 남자 시체 한 구가 떠내려온다. 소피아 앙헬로스라는 노파가 자기 아버지의 시체라고 주장하며 장례를 치르겠다고 군인들에게 그 시체를 넘겨줄 것을 주장한다. 그러나 시체는 이미 군인들에 의해 화장된 후다.

그 사건 이후 두 번째 시체가 또 떠내려온다. 화상, 부종, 타박상, 골절상을 당했다는 의사의 소견이 나온다. 죽기 전 심한 고문에 시달렸음을 증명해 준다. 군부의 잔혹성을 간접적으로 드러내고 있다. 이번에는 동네 여인 서른일곱 명 모두가 나와 시체의 소

〈그림 4〉• 아리엘 도르프만의 연극 『과부들』의 한 장면.
출처: youtube.com

유권을 주장한다. 모두 자신의 남편, 아들, 조카, 형제, 손자, 삼촌이라고 주장하나 누구도 확실한 증거가 없다. 이때 소피아가 남편의 시체가 확실하다며 장례를 치르기 위해 시체를 양도할 것을 주장한다. 자신들의 정당한 권리가 받아들여질 때까지 자신과 가족들은 강가에서 한 치도 물러서지 않을 것임을 대위에게 통보한다.

소피아는 잔인하고 비인간적인 칠레, 아니 라틴아메리카에서 실제로 시신들을 찾아 나섰던 많은 여인을 대표하는 상징적 인물이다. 그녀가 알고자 하는 것은 남편 죽음의 원인도 아니고 책임자 규명도 아니다. 단지 장례를 치르는 것일 뿐이다. 그러나 소피아의 남편을 보는 군인의 시각은 정반대다. 중위는 그를 불량배, 범죄자, 생각 없는 반역자였을 뿐이라고 말하며 소피아의 주장을 일축한다. 또한 소피아에 대해서도 분규를 조장하는 전문적인 선동꾼이라고 대위에게 보고한다. 심지어 시체가 떠내려오는 것조차 마을 사람들이 꾸민 자작극이라며 음모론을 제기한다. 중위가 마을 사람들에 대해 가지고 있는 적개심이 어느 정도인지 알 수 있다. 중위는 대위에게 여인들을 무력으로 통제할 것을 건의한다. 그러나 대위는 자신의 임무가 지역의 안정과 평화 유지이기 때문에 가능한 사건을 조용히 처리하려고 한다. 물론 그 이면에는 만일 이곳에서 여인들과 아이들을 무력으로 진압한다면 다른 지역에서의 통치력이 약화할 수 있다는 우려도 깔려 있다.

결국 대위는 시체가 누구의 소유가 될 수 없음을 분명히 한다. 모두가 자신의 소유라고 주장하는 한 누구의 소유도 아니라는 것이다. 소피아는 대위가 현지 사정을 정확하게 이해하지 못하고 있다고 판단하고, 두 명의 아들이 총살당했으며 실종된 남편이 강에서 시체로 떠내려오는 비정상적 상황을 설명한다.

사건의 정황을 자세히 파악하기보다는 군인이라는 신분을 벗어나지 못한 채 다분히 자의적인 해석을 하는 군인에게 일침을 가한 것이다. 마을 사람 몇 명 죽은 것이 뭐 그리 대수냐는 것이 군인들의 태도였기 때문이다. 실제로 그들은 '더러운 전쟁'에 여러 번 참전했음을 작품 여러 곳에서 시사하고 있다.

군인과 마을 여인들과의 갈등의 시점은 바로 죽은 자들에 대한 서로 다른 평가에서부터 시작된다. 이 작품에서는 실종자 문제나 정치적 박해를 직접 다루지는 않는다. 단지 죽은 자들에 대한 예우 문제를 다룰 뿐이다. 군인들에게 있어서 죽은 자들은 덮인 과거의 역사를 들추어 쓸데없이 문제를 일으키는 거추장스러운 존재일 뿐이다. 그러나 마을 사람들에게 있어서 죽은 자들은 산 자들이 삶을 지속할 수 있게 하는 상징적 존재들이다. 이 작품에 등장하는 남자들은 누구도 죽었다는 확증이 없다. 단지 실종되었을 뿐이다. 그래서 이 작품에 나오는 과부들은 진정한 의미의 과부가 아니다. 어정쩡한 상태의 과부일 뿐이다. 시체의 신원은 세 번째의 시체가 떠내려와도 끝내 밝혀지지 않는다. 그러나 시체들은 강물에 둥둥 떠서 나타나면서 산 자들의 영혼을 일깨우는 상징적 존재로 변한다. 목숨도 없고 목소리도 없고 영혼도 없는 그들이 산 자들의 집단의식을 불러일으키는 아이러니한 장면을 만들어낸다. 그러므로 그들을 '살아 있는 망자'라고 부를 수 있을 것이다. 마을 여인들 사이에서 그들은 여전히 죽지 않고 살아 있는 존재다.

　이 작품에서 강(江)도 상징성을 띠고 있다. 마을 여인들이 실종자들을 기다리던 장소가 바로 강이다. 실종자들을 기다리는 곳으로 마을 입구가 아닌 강을 선택한 것은 그만큼 마을에서 차지하는 위치가 남다름을 나타낸다. 강은 다른 세계와의 소통의 길이기도 하며 마을의 역사를 품고 있는 곳이다. 강은 롱가 마을이 지금까지 타인과 충돌 없이 잘 살아왔다는 역사의 흐름을 상징적으로 나타내고 있으며, 강에 떠오른 시체들은 강과 함께 유려하게 흐르던 마을의 역사에서 문제와 장애가 생겼다는 것을 상징적으로 보여준다.

(2) 폭압적 현실 고발

아리엘 도르프만은 『과부들』에서 군부 정권의 폭력을 강하게 비판하지만, 그 모습을 노골적으로 그리지 않는다. 그는 직접적인 폭력의 장면을 보여주기보다, 의사의 보고나 군인의 태도를 통해 간접적으로 그 현실을 드러낸다.

그러나 도르프만은 단순히 신체적 폭력만을 다루지 않는다. 그는 폭언을 통한 심리적 억압이나, 민중의 전통과 관습을 파괴하는 행위도 폭력의 일종으로 본다. 이런 시각에서 소설에서는 장례라는 의식이 중심이 된다. 이 작품에서 장례는 단순한 애도가 아니라, 실종자의 존재를 확인하고, 정부의 억압을 고발하는 중요한 과정이다.

이 마을에서는 죽음이 특별한 사건이 아니라 일상의 일부다. 삶과 죽음의 경계가 흐려진 세계에서, 망자들은 여전히 살아 있는 자들의 삶에 영향을 미친다. 따라서 이곳 사람들에게 죽음을 확인하는 과정은 자연스럽게 이루어진다. 하지만 군부는 장례를 막으려 한다. 소피아와 여성들은 장례를 고집하며 죽은 자들을 공식적으로 인정하려 하지만, 군부는 이를 부정하려는 태도를 취한다. 죽음을 받아들이려는 민중과 이를 억압하려는 권력의 대립이 소설의 긴장감을 형성한다.

흥미로운 점은, 장례를 반대하는 측이 군대라는 점이다. 일반적으로 사망을 공식화하는 것은 국가의 역할이지만, 여기서는 오히려 군인들이 죽음을 부정하려 한다. 여성들은 죽음을 인정하려 하고, 군인들은 이를 막으려 하며, 사회적 역할이 뒤바뀌는 역설적인 상황이 펼쳐진다.

도르프만은 단순한 현실 재현을 넘어, 문학을 통해 아직 드러나지 않은 진실을 상상하고 예측하는 방식을 취한다. 그는 미래의 가능성을 탐색하며, 현실 그 자체를 넘어서고자 한다. 소설이 발표될 당시 라틴아메리카에서는 실종자들의 흔적이 밝혀지지 않았지만, 몇 년 후 칠레와 여러 나라에서 매장된 시신들이 발견되면서 그의 예측은 현실이 되었다. 이는 단순한 문학적 상상력이 아니라, 사회적 변화의 흐름을 앞서간 통찰이었음을 보여준다.

『과부들』은 역사적 사건을 기록하는 작품이 아니라, 현실을 탐구하고 저항의 가능성을 문학적으로 형상화하는 작업이다. 죽음을 통해 기억을 붙잡고, 애도를 통해 사회적 저항을 보여주며, 단순한 피해자의 모습이 아닌 능동적으로 진실을 밝히려는 민중의 모습을 그려낸다. 문학이 억압된 목소리를 되살리고, 침묵당한 과거를 되찾는 힘이 될 수 있음을 작가는 증명하고 있다.

아리엘 도르프만은 『과부들』에서 현실의 정치적 폭력과 억압을 직접적으로 묘사하기보다는 상상력을 통해 접근한다. 그는 역사적 사건을 단순히 재현하는 것이 아니라, 아직 드러나지 않은 진실을 탐색하며 미래를 문학적으로 예측하는 방식을 택했다.

이러한 접근은 단순한 기록이 아니라 작가적 상상력이 현실을 앞서나가는 과정을 보여준다. 도르프만은 기존의 역사적 사실을 반복하기보다는, 아직 밝혀지지 않은 미래를 상상하며 이를 문학 속에서 형상화했다. 그는 역사의 발전 과정에 대한 믿음을 바탕으로 독자들에게 더 넓은 관점을 제공하고자 했으며, 이는 결국 현실이 되어 칠레와 라틴아메리카 전역에서 실종자들의 흔적이 드러나는 결과로 이어졌다.

도르프만의 문학적 전략은 단순한 고발을 넘어, 미래의 가능성을 탐색하며 현실 그 자체로부터 새로운 진실이 드러날 수 있음을 암시한다. 그의 상상력은 단순한 허구가 아니라, 역사를 이해하고 예측하는 중요한 도구로 기능했다.

(3) 저항의 몸짓, 기다림

아리엘 도르프만의 『과부들』에서 기다림은 단순한 시간이 흘러가는 상태가 아니라, 무언의 저항이며 역사의 심판을 향한 신념이다. 작품은 시작과 끝에서 강가에 선 여인들이 실종된 이들의 주검이 떠내려오기를 기다리는 장면을 통해, 기다림을 하나의 순환적 구조로 형상화한다. 그러나 이 기다림은 절망 속의 방관이 아니라, 기억을 유지하고 진실을 밝혀내려는 강인한 몸짓이다.

기다림은 『과부들』에서 역사적 억압에 대한 침묵 속의 저항이 된다. 그들에게 기다림은 희망과 불확실성 사이에 놓인, 그러나 포기하지 않는 신념의 표시다. 여인들이 강가에서 기다리는 것은 단순한 애도가 아니다. 그들은 사랑하는 이들의 존재를 증명하며, 죽은 자들을 현실에서 지워 버리려는 권력에 맞선다. 그렇기에 기다림은 단순한 인내가 아니라, 권력에 의해 부정당한 역사적 진실을 끌어내려는 저항의 한 형태다.

그러나 기다림은 절망으로 끝나지 않는다. 도르프만은 기다림을 통해 과거를 붙잡는 것이 아니라, 살아 숨 쉬게 한다. 기다린다는 것은 과거의 희생을 떠올리고, 그것을 미래로 이어가는 과정이다. 이는 단순한 개인의 상처를 넘어 사회적 기억을 유지하려는 투쟁이다. 기다림이 무기력한 상태로 보일 수 있지만, 실은 가장 강한 저항이며, 잊히지 않으려는 힘이다.

이 소설에서 기다림은 삶과 죽음의 경계를 허물며, 존재와 부재를 하나로 묶는다. 실종자들이 떠내려오기를 기다리는 행위는 마치 그들을 되살리는 주문과도 같다. 그것은 그들이 살아 있을 때와 다를 바 없는 존재의 확인이며, 죽음을 공식적으로 받아들이는 것이 아니라, 오히려 그 죽음을 사회적 현실로 드러내는 과정이 된다.

도르프만은 기다림을 단순한 고통이 아니라, 역사적 정의를 향한 움직임으로 변모시킨다. 민주주의가 회복된 후에도 여전히 실종된 가족을 기다리는 이들은 역사가 단절되지 않았음을 보여준다. 기다림은 과거를 붙잡는 것이 아니라, 그것을 미래 속으로 밀어 넣어 기억하게 하는 힘이다. 그들에게 기다림은 침묵 속의 외침이며, 억압된 역사를 되찾기 위한 마지막 투쟁이다.

도르프만의 문학적 기다림은 단순한 기다림이 아니다. 그것은 단절된 시간을 잇고, 묻힌 기억을 되살리는 강인한 선언이다. 그리고 그 기다림 속에서 진실은 오랜 시간 끝에라도 반드시 드러날 것이라는 믿음이 깃들어 있다.

4 『유모와 빙산』: 얼음 속에 새겨진 민중의 기억, 정체성을 찾는 여정

『유모와 빙산(La Nanny y el Hielo)』(2009)은 1992년 스페인 세비야 박람회를 앞두고 벌어진 실제 사건을 바탕으로 작가의 상상력이 유감없이 발휘된 작품이다. 1991년 11월 칠레 해군 소속 라우따로 호(號)는 놀라운 임무를 띠고 남극의 험한 바다로 나간다. 그 임무는 '폐허의 만'에 부유하는 빙산 중 하나를 떼어내 커다란 조각으로 자른 뒤 전체를 '92 엑스포가 개최될 스페인 세비야로 보낸다는 것이다. 그곳에서 빙산은 다시 조립되어 칠레 전시관을 찾는 방문객들에게 6개월 동안 전시될 예정이다. 빙산은 칠레가 근대화와 자유화를 세계에 알리고 새로운 이미지를 구축하고자 야심차게 준비한 상징물인 것이다.

쿠데타로 시작된 17년간의 군사 독재 정권이 무너지고 민주화 과정을 거친 칠레가 콜럼버스의 신대륙 발견 500주년을 기념하는 세비야 국제박람회를 통해 국가적 위상을 세계에 알리고 싶은 것이다. 실제로 이 빙산 마케팅은 세계적으로 많은 논란을 불러왔고, 아리엘 도르프만은 이 소식을 접하고 정말 소설에서나 나올 법한 미친 짓이라고 중얼거린다. 그는 이 사건을 배경으로 소설을 쓰겠다고 생각했고, 그 결과물이 『유모와 빙산』이다. 칠레 정부는 칠레가 근대화되었음을 세계에 알리려고 했지만, 실제로 칠레는 근대와 전근대의 혼합 형태의 사회 구조를 유지하고 있으며 칠레가 근대화되었다는 것은 모두 헛소리라는 것을 아리엘 도르프만이 이 작품을 통해 세계에 똑바로 알리고 싶은 것이다.

이 작품의 이야기는 다섯 살 때 엄마와 뉴욕으로 망명했던 화자 가브리엘이 소년이 되어 조국 칠레에 돌아오는 것으로 시작된다. 그는 칠레에서 무슨 일이 일어나는지 칠레인들보다 자신이 더 잘 알고 있다는 마음을 가지고 귀국한다. 그러나 칠레에서의 실제 체험을 통해 그의 생각이 옳지 않았음을 깨닫는다. 실제 현실은 그의 생각과 너무 달랐다.

아옌데 혁명이 좌절되면서 어머니와 함께 미국에 망명했던 가브리엘은 스물세 살 되던 해 생일을 며칠 앞두고 헤어진 아버지 끄리스또발을 만나러 귀국한다. 성적 호기심이 가득하고 아버지의 사랑에 굶주린 가브리엘은 아버지가 천하의 바람둥이임을 알고 크게 실망한다. 아버지 끄리스또발은 매일 다른 여성과 잠자리를 갖는 인물이다. 그렇게 된 이유는 1967년 체 게바라가 볼리비아에서 죽은 다음 날 끄리스또발이 절친한 친구 빠블로 바론 그리고 동생 빤초, 이렇게 셋이 내기를 걸었기 때문이다. 이들은 콜럼버스의 신대륙 발견 500주년이 되는 1992년까지 25년 동안 끄리스또발은 하루도 거르지 않고 매일 다른 여자와 잠자리를 가질 것이며, 빠블로 바론은 대통령 다음가는 최고의 권력자가 될 것이며, 빤초는 1992년까지 라틴아메리카 대륙이 모두 사회주의 국가가 될 것이라고 내기를 건 것이다. 세 사람의 명예와 자존심이 걸린 내기였다. 끄리스또발이 미국으로 망명하지 않은 것도 이 내기에서 지기 싫었기 때문이다. 그러나 아버지 없이 스물세 살까지 미국에서 산 가브리엘은 아직 숫총각의 미소년이었다. 아직 여자 경험이 없던 이유는 아버지의 문란한 사생활 때문이다. 가브리엘이 칠레에 온 것도 이런 아버지의 영향에서 벗어나 자유롭게 여자 관계를 가지고 싶었기 때문이다. 귀국해 보니 아버지는 아직 내기에 지지 않았고 빠블로 바론은 강력한 권력을 지닌 국무장관직에 올랐다.

'92 세비야 박람회에 빙산을 보내자는 것도 빠블로 바론 장관의 생각이었다. 이유는 두 가지다. 첫째, 과거 칠레의 어두운 이미지를 털고 새로운 이미지를 세계만방에 보여주기 위해서다. 독재 정권으로 실추된 과거의 문을 닫고 진정한 칠레는 내일의 칠레라는 것을 선전하자는 것이다. 삐노체뜨 군사 정권하에 벌어진 숱한 인권 침해 문제를 덮고 민주주의 체제가 확립되었음을 과시하고 싶었다. 평생을 사회주의 운동에 헌신하다 아직 구금 상태인 사회주의 혁명가 빤초는 이 점을 경계하며 비판한다. 칠레의 진정한 발전을 위해서는 과거에 대한 진솔한 고백과 반성이 선행되어야 한다는 것이다. 빤초는 빙산을 옛 기억을 잃어버린 칠레, 또 그렇게 애써 기억을 지우려는 칠레의 상징으로 본 것이다.

둘째, 탈(脫)라틴아메리카의 선언이다. 칠레는 라틴아메리카 대륙의 한 나라에 머무는 것이 아니라 세계 속의 칠레임을 과시하고 싶은 것이다. 빠블로 바론은 이미 칠레가 '라틴아메리카의 뉴질랜드'라고 공언할 정도다. 칠레는 이제 상품을 파는 게 아니라 나라를 송두리째 마케팅한다는 목표하에 그 첫 번째 단계로 이른바 빙산 마케팅 계획을 세운 것이다.

빠블로 바론이 계획을 추진하는 중에 협박 편지가 도착한다. 그

계획을 즉시 중단하지 않으면 빙산을 폭파한다는 것이다. 칠레에 도착한 가브리엘은 아버지와 함께 이 사건의 해결을 맡는다. 가브리엘은 사건을 조사하면서 차츰 아버지 끄리스또발과 자신의 가치관이 전혀 다르다는 사실을 깨닫는다. 이 두 사람은 대립축을 형성하면서 유혹과 무기력, 거짓과 진실, 방탕과 순수, 승리와 패배, 능력과 무능과 같은 대립적 의미소를 대표하는 중심인물 역할을 한다.

그 와중에 가브리엘은 빠블로 바론의 딸 아만다 까밀라와 사랑에 빠지고, 마침내 숫총각 딱지를 뗀다. 이는 단순한 사랑의 행위가 아니다. 평생 아버지의 그늘에서 벗어나지 못했던 가브리엘이 드디어 아버지의 굴레에서 벗어나 자신의 정체성을 찾기 시작했음을 의미한다. 두 사람의 애정이 깊어서 아만다가 임신하게 되었지만, 아만다가 가브리엘의 여동생이라는 빠블로의 말에 아만다는 낙태 수술을 받는다. 그 후 빤초 삼촌의 진술로 가브리엘과 아만다의 아버지가 바뀌었다는 사실을 알게 된다. 가브리엘의 생부는 빠블로이고 아만다의 생부는 끄리스또발이었다. 그러니까 가브리엘은 아만다의 오빠가 아니었고 두 사람은 근친상간을 저지른 것이 아니었다. 뒤늦게 아만다의 낙태 사실을 알게 된 가브리엘은 절망과 분노에 몸서리친다. 끄리스또발과 빠블로 바론에 대한 증오는 더욱 깊어서 마침내 복수를 결심한다. 세비야에서 빙산을 자기 손으로 파괴하고 자살을 하기로 한 것이다. 그러나 이 작품에서 빙산 파괴 계획과 성공 여부, 자살의 성공 여부에 대해서는 명확히 나타나지 않는다. 작품 마지막 부분에 가브리엘이 미

〈그림 5〉• 칠레 파타고니아의 빙하.
출처: Sora.

국에 있는 여자 친구 재니스에게 보내기 위해 미리 써놓은 편지가 등장하는데, 이 편지 끝부분에서 가브리엘 자신도 그 결과를 궁금해한다. 작가가 독자들의 상상력을 자극하며 판단도 독자들에게 맡기고 있다.

이 작품에서 빙산은 조국 칠레, 더 나아가서는 라틴아메리카 전체를 의미한다. 콜럼버스가 신대륙을 발견하고 라틴아메리카의 원주민을 몰살시키며 칠레를 비롯한 라틴아메리카 제국을 건설한 500년의 역사를 묵묵히 지켜보고 있던 것이 바로 빙산이다. 그 빙산을 콜럼버스의 고향과 다름없는 스페인의 세비야에서 폭파한다는 것은 곧 칠레와 라틴아메리카의 과거를 털어내고 새로운 미래를 건설하자는 의미를 담고 있다. 그리고 작가는 새로운 시대를 열 상징적 인물로 '영원한 혁명가' 체 게바라를 선택했다. 빙산 폭파를 결심한 가브리엘은 공교롭게도 체 게바라가 묻히던 날 잉태되었다. 그래서 가브리엘은 체 게바라를 정신적 아버지로 알고 자랐다. 가브리엘은 오로지 폭력만이 세상을 바로잡는다고 말한 체 게바라의 혁명적 기질을 타고났다. 가브리엘을 통해 체 게바라의 순수한 혁명 정신을 되살리면서 조국이 새로운 희망의 시대를 열었으면 하는 작가의 소망을 보여준 것이라 할 수 있다. 그러나 작가는 이 작품에서 빙산의 진짜 의미에 대한 논쟁에서 누가 옳을까 하는 결론을 유보한다. 빙산의 깊은 의미에 관해 과연 누가 옳고 누가 그른지 빙산 자신에게 곰곰이 물어보자는 것이 그가 제시한 해결책이었다. 옳고 그름을 따지기에 앞서 칠레의 현실을 제대로 인식하면서 삶과 역사의 문제를 생각할 필요가 있다는 것이다.

『유모와 빙산』은 모험, 에로티시즘, 서스펜스와 유머가 적절히 조화를 이루면서 삐노체뜨 이후 칠레의 현실을 그려내고 있다. 폭력과 억압의 어두운 역사의 그림자가 아직도 한 가족의 관계마저 내면적으로 지배하고 있으며 이를 극복하려는 행위자들의 몸부림이 얼마나 처절한가를 잘 보여주고 있다. 멕캔지 가족을 중심으로 이야기 축을 형성하고 있지만 역사적 배경은 그리 가볍지 않다. 비록 '빙산 마케팅'이라는 구체적 사실을 배경으로 하고 있지만 좁게는 칠레 군부 정권의 역사를, 넓게는 라틴아메리카의 500년 역사를 바탕으로 칠레와 라틴아메리카의 정체성 찾기와 역사 바로 세우기를 시도하고 있다.

아리엘 도르프만이 『유모와 빙산』에서 그린 세상은 제3세계 국가에게도 시사하는 바가 크다. 이 작품에서 표현된 세상은 칠레만의 것이 아니다. 근대와 전통의 갈등 가운데 갇힌 수많은 나라들의 것이기도 하다. 이 작품이 자신의 경험을 세계에 알리는 것을 의무로 생각했던 도르프만의 노력의 산물이기 때문이다. 그는 수많은 경계를 뛰어넘는 것이야말로 진정한 문학적 투쟁의 본질이라고 생각했다. 그래서 아리엘 도르프만은 이야기를 만들어내기보다는 국가 현실을 분석하는 것에 더 능한 작가 중 한 명이라고 평가받고 있다.

5 새로운 희망을 기다리며

아리엘 도르프만의 문학은 억압과 저항, 그리고 궁극적으로는 희망을 향한 여정을 담아낸다. 그의 작품들은 독재 정권 아래에서 인간성과 사회가 어떻게 변화하는지를 탐구하면서도, 단순한 폭로를 넘어 미래를 모색하는 길을 제시한다. 시간의 흐름에 따라 그의 문학은 더욱 깊어졌고, 초기에는 독재 정권의 폭력과 야만을 고발하는 데 집중했다면, 최근에는 상처 입은 사람들 사이의 화해, 치유, 그리고 인간의 구원이라는 보다 근본적인 질문에 천착하고 있다. 그러나 도르프만의 모든 작품이 품고 있는 공통된 정서는 단 하나, 희망이다.

도르프만의 희망은 맹목적인 낙관이 아니다. 그의 작품에서는 절망 속에서도 희망을 잉태하는 독특한 서사적 구조가 자리하고 있다. 『눈을 키워라』의 후반부 「외진 땅」에서 도르프만은 황폐해진 도시 너머에서 피어오르는 희망의 흔적을 보여준다. 적에게 고문당해 얼굴이 불타버린 여인의 머리카락이 다시 자라나는 모습은 단순한 신체적 회복이 아니다. 그것은 역사의 상처를 딛고 인간이 다시 살아갈 수 있음을 상징한다. 도르프만의 희망은 막연한 기대가 아니라, 진실을 직시할 때 반드시 실현될 수밖에 없는 필연적인 결과다. 그는 태양이 매일 산맥 너머에서 떠오르는 것을 잊지 않기 위해, 어둠이 영원히 군림하지 못하도록 투쟁해 왔다. 그렇기에 그의 문학 속 희망은 단순한 위안이 아니라, 역사적 당위의 서사적 귀결이다.

『과부들』에서도 도르프만은 희망의 끈을 놓지 않는다. 작품을 관통하는 가장 강렬한 기호는 바로 기다림이다. 과부들과 주검들은 모두 무엇인가를 기다리고 있다. 강가에 앉아 실종된 가족이 돌아오기를 기다리는 여인들의 모습은 단순한 애도가 아니라, 정의가 실현되기를 바라는 끈질긴 저항의 몸짓이다. 그들의 기다림은 무력한 체념이 아니다. 그것은 자신들의 존재가 잊히지 않기를 바라는 망자들의 침묵 속 외침과 연결되며, 더 나은 조국을 향한 열망을 품은 기다림이다. 그들은 강물 속에서 오랜 세월 동안 떠다니며 자신들을 잊으려는 자들에 의해 완전히 삭제되지 않기를 기다린다. 그러므로 『과부들』에서 기다림은 단순한 시간의 흐름이 아니라, 억압된 역사를 끌어올리려는 저항의 힘이며, 희망을 향한 몸부림이다.

『유모와 빙산』에서도 도르프만의 문학적 세계관은 화합과 희망을 통해 완성된다. 작품 속에서 유모는 단순한 조력자가 아니라, 정체성을 유지하면서도 시대적 변화를 수용하려는 상징적 인물이다. 그녀는 죽음을 맞이하며 가브리엘에게 끝없는 헌신적 사랑을 보여주지만, 마지막 장면에서 다시 등장한다. 체 게바라와의 대화를 통해 가브리엘에게 화합과 평화를 당부하기 위해서다. 그러나 그녀의 당부는 직접적이지 않다. 그녀는 가브리엘에게 까수엘라 요리법을 가르쳐 주며, 까수엘라야말로 세상을 보는 유일한 방법이라고 이야기한다. 다양한 재료를 푹 끓여 하나로 녹여 내는 까수엘라는 단순한 요리가 아니라, 다양한 세력과 가치가 균형을 이루며 공존하는 삶의 방식이다.

까수엘라는 곧 화합과 포용의 정신을 상징한다. 도르프만은 유모의 입을 빌려, 과거와 미래의 조화를 이루고 유럽과 라틴아메리카, 전통과 새로움, 남과 북, 그리고 세대 간의 균형을 맞추는 것이야말로 진정한 희망의 시작임을 강조한다. 날카로운 비판만으로는 세상을 이해할 수 없으며, 넉넉한 마음으로 품어야만 새로운 시대를 맞이할 수 있다는 것이다.

그러나 도르프만이 희망을 노래하기 위해 반드시 선결해야 할 전제조건이 있다. 그는 과거와 대면하는 용기 없이는 진정한 화합도, 새로운 시대도 도래할 수 없음을 역설한다. 우리는 하나의 공동체로서 우리의 과거와 맞닥뜨려 그것을 정면으로 쳐다보아야 하며, 설혹 우리를 수치심에 떨게 하고 고통스럽게 하더라도 그 과거를 발가벗겨야 한다는 것이다. 도르프만의 희망은 과거를 덮어둠으로써 완성되지 않는다. 오히려 숨겨진 역사의 진실을 적나라하게 드러내고, 그것을 사회 전체가 공유해야만 진정한 미래로 나아갈 수 있다는 것이다.

도르프만은 조국 칠레의 왜곡된 역사를 바로잡는 것이야말로 자신이 존재하는 이유라고 믿는다. 그는 역사가 무분별하게 광란의 길을 걷지 않도록 막아야 하며, 모네다궁에서 자신 대신 목숨을 바친 동료들의 희생을 의미 있게 만들어야 한다고 확신한다. 도르프만은 단순히 살아남은 자가 아니다. 그는 죽은 자들의 기억을 문학 속에서 되살리기 위해 평생을 바친 작가다.

그의 모든 작품은 역사적 책임의 문제를 탐구하는 동시에, 끊임없이 희망을 이야기한다. 도르프만의 문학은 독재와 억압을 폭로하는 데서 그치지 않고, 상처를 입은 자들의 회복을 모색하며, 미래를 준비하는 방식을 제안한다. 그러므로 그의 희망은 단순한 기대가 아니다. 그것은 죽은 자들과의 약속이며, 과거와 미래를 연결하는 서사적 다리이다. 도르프만의 문학은 망각에 맞서 싸우며, 기억을 붙잡고 그 속에서 빛을 길어 올리는 끊임없는 투쟁이다. 결국 그의 문학 속 희망은 단순한 위로가 아니라, 역사가 반드시 도달해야 할 궁극적 목표이다.

사실과 허구의 조화를 통한 시대의 증언:

로돌포 왈쉬의 작품을 중심으로

1 로돌포 왈쉬, 온몸으로 시대에 맞선 지식인

로돌포 왈쉬(Rodolfo Walsh, 1927-1977)는 문학을 무기로 삼아 군부독재에 맞서 싸웠던 작가이자 저널리스트였다. 1976년 비델라(Jorge Rafael Videla, 1925-2013) 정권이 들어서며 아르헨티나에서 정치적 폭력과 억압이 심화하자 많은 지식인이 조국을 떠나 망명을 선택했다. 그러나 왈쉬는 조국에 남아 검열과 감시 속에서도 계속 글을 써 내려갔다. 그는 현실을 기록하고 왜곡된 역사를 바로잡기 위해 자신의 문학을 증언의 도구로 활용했다.

그의 작품은 환상이 아닌 사실을 바탕으로 하며, 인터뷰와 기록을 삽입하여 진실의 무게를 더했다. 문학이 단순한 상상의 산물이 아니라, 사회적 현실을 반영하는 힘이 될 수 있음을 그는 온몸으

〈그림 1〉· 로돌포 왈쉬.
출처: 위키피디아.

로 증명했다.

이러한 그의 창작 방식은 아르헨티나 문단에 신선한 충격을 주었고, 문학이 역사를 증언하는 강력한 수단이 될 수 있음을 보여주었다. 그의 문학적 실천은 독재에 저항하고, 역사의 진실을 지키려는 투쟁으로 남아 여전히 강렬한 울림을 전하고 있다.

1927년에 아르헨티나 리오네그로주 초엘레 초엘에서 태어난 왈쉬는 1953년에 추리소설『적색 변화(*Variaciones en Rojo*)』를 첫 작품으로 발표하고, 아르헨티나 최초의 단편 추리 소설집『아르헨티나 단편 추리소설 10편(*Diez cuentos policiales argentinos*)』을 연속 발표하면서 필명을 날리기 시작한다. 개인 범죄의 추적을 사회 불의와 정치 탄압에 대한 비판으로 연결하는 작가 특유의 서사 구조를 선보인 『적색 변화』로 '시(市) 문학상(Premio Municipal de Literatura)'을 받는다. 그가 본격적인 참여 성향의 작가로 모습을 드러낸 것은 1957년에 『집단학살(Operación Masacre)』을 발표하면서부터다. 이 작품은 정치와 사회 현상에 별 관심이 없던 그를 바꾼 결정적인 계기가 된다. 이듬해에는 「사따노프스끼 사건(El caso Satanovsky)」이라는 제목의 군부 비판 기사를 신문에 게재한다. 1959년에는 체 게바라의 요청으로 쿠바에서 통신사 〈쁘렌사 라띠나〉를 개설한다. 2년 후 아르헨티나로 귀국하여 두 편의 희곡과 두 편의 단편집을 발표한다. 그중 『그 여자(Esa Mujer)』는 아르헨티나 역사상 가장 훌륭한 단편으로 평가받고 있다. 1969년에는 노조의 관료화 문제를 제기한 소설 『누가 로센도를 죽였는가?(¿Quién mató a Rosendo?)』를 발표한다.

로돌포 왈쉬는 행동하는 지식인의 전형으로, 자신의 정치적 행보를 명확히 보여준다. 옹가니아(Juan Carlos Onganía) 독재 시절에는 아르헨티나 노동총연맹(CGT)의 주간지를 창간하고 1968년부터 1970년까지 편집장을 지낸다. 1970년부터 뻬론주의 좌익 무장단체인 몬또네로스(Montoneros)에 합류하여 1973년에는 요직을 차지한다. 그는 1976년 군사 쿠데타를 통해 호르헤 비델라 군사 정권이 집권한 후에도 군부 퇴진 운동을 지속적으로 전개하다, 결국 1977년 3월 25일 군부에 의해 납치되어 아직도 실종자 명단에 남아 있다. 공교롭게도 그날은 로돌포 왈쉬가 『군사평의회에 보내는 공개서한』을 발표한 바로 다음 날이다. 이 편지는 군사 정권이 1년 동안 저지른 각종 납치, 테러, 고문, 불법 학살 등의 잔혹 행위와, 경제 정책의 실패 등을 통계 수치를 인용하며 통렬히 비판하고 있다.

이렇듯 로돌포 왈쉬는 작가이면서 언론인, 극작가, 번역가 등 다양한 활동을 펼치면서 독재 권력에 대한 저항, 부조리한 체제에 대한 고발, 숨겨진 역사적 진실의 발굴 등 각종 사회 문제에 대한 각성을 촉구하는 작품들을 발표했다. 그의 작품들은 은폐되거나 날조된 아르헨티나의 숨겨진 역사를 들추어내는 데 초점을 맞추고 있다. 즉, 관제 조작된 역사적 사실들을 올바로 정립하여 대중에게 널리 알리고, 궁극적으로 역사를 민중에게 환원시켜 주려는 것이다.

로돌포 왈쉬는 단순한 문학적 창작을 넘어, 아르헨티나의 현대사를 증언하며 그 안에서 작가의 책임을 실천한 인물이었다. 그의 문학은 억압받는 민중의 목소리를 대변하고, 독재 정권의 폭력과 부조리를 폭로하며, 동시에 문학이 사회적 변화를 이끌 수 있는 강력한 도구임을 입증했다.

라틴아메리카 문호들은 그의 작가적 용기와 사회적 책무를 높이 평가하며, 왈쉬를 문학의 힘과 그 책임에 대한 논란을 종결시킨 존재로 바라본다. 그러나 그가 특별한 이유는 단순히 그의 문학적 기량 때문만이 아니다. 그는 현실의 고통을 문학적 감동으로 승화시키며, 폭압 속에서도 끊임없이 새로운 창작과 대안을 모색했던 미래 지향적 작가였기 때문이다.

그의 작품은 아르헨티나의 정치·사회적 위기를 반영하며, 폭력과 공포를 단순한 지역적 문제가 아닌 라틴아메리카 전체의 역사적 맥락 속에서 바라본다. 그는 개인과 사회, 국가와 시민, 계층 간 갈등을 치밀한 서사 속에 녹여 내며, 문학이 단순한 기록이 아니라 역사적 현실을 해석하고 변혁을 촉진하는 공간이 될 수 있음을 보여주었다.

왈쉬의 문학은 단순한 창작이 아니라, 억압된 시대를 살아가는 인간들의 이야기를 생생하게 포착하는 데서 출발한다. 그의 글은 독자들에게 역사의 진실을 직면하게 하며, 그 속에서 과거를 기억하고 미래를 모색하는 길을 제시한다. 그런 점에서 그의 작품은 단순한 예술적 표현을 넘어, 시대와 인간을 향한 강렬한 증언이자 저항의 몸짓이었다.

2 『그 여자』: 역사 속 신화가 된 에비따의 재해석

에바 뻬론(Eva Duarte de Perón, 1919-1952)은 아르헨티나 역사에서 강렬한 흔적을 남긴 인물인 만큼, 문학에서도 다양한 방식으로 조명되었다. 그러나 그녀를 다룬 작가들이 반드시 호의적인 시선을 견지한 것은 아니다. 오히려 많은 작품은 그녀의 신화화 과정을 해체하거나, 은유와 상징을 통해 불편한 시선을 드러내고 있다.

또마스 엘로이 마르띠네스(Tomás Eloy Martínez, 1934-2010)의 『성녀 에비따(Santa Evita)』(1995)는 직접적인 비난을 피하면서도 은유

〈그림 2〉・아르헨티나의 국모로 불리는 에바 뻬론(에비따).
출처: 위키피디아.

적 표현과 암시를 활용해 그녀를 둘러싼 복합적인 감정을 반영한다. 후안 까를로스 오네띠(Juan Carlos Onetti, 1909-1994)는 그녀를 단순한 이름으로 지칭하는 대신 '그녀(ella)'라는 익명성을 부여하며, 그녀의 시체를 녹색으로 칠하는 상징적 장치를 통해 불길한 분위기를 형성했다.

보르헤스(Jorge Luis Borges, 1899-1986)는 『창조자(*El hacedor*)』(1960)에서 에바 뻬론을 둘러싼 신화적 이미지와 대중적 열광을 풍자한다. 작품 속 '유령'에게 금발 인형을 주어 그것을 망자처럼 대하도록 만든 후, 마지막 문장에서 "뻬론도 뻬론이 아니고, 에바도 에바가 아니며, 대중이 형상화한 신화적 인물들일 뿐"[1]이라 선언함으로써, 역사적 인물이 정치적 상징으로 변모하는 과정에 대한 날카로운 통찰을 보여준다.

이처럼 아르헨티나 문학에서 에바 뻬론은 단순한 정치적 인물이 아니라, 신화와 역사, 그리고 대중의 집단적 상상이 얽힌 복잡한 존재로 다뤄졌다. 그녀를 둘러싼 문학적 해석은 시대와 관점에 따라 변화를 거듭하며, 그녀의 삶이 단순한 사실의 기록이 아닌 거대한 사회적 내러티브 속에서 재구성되는 과정을 보여준다.

로돌포 왈쉬는 『그 여자』에서 에바 뻬론의 신화를 문학적으로 재해석하며, 그녀를 더욱 신비로운 존재로 만들었다. 다른 작가들이 에비따를 은유적으로 혹은 비판적으로 다뤘다면, 왈쉬는 오히려 그녀의 사후에 형성된 전설을 더욱 깊이 탐구하고, 신화적 요소를 강화하는 방식을 선택했다.

이 작품은 아르헨티나 역사에서 누구나 기억하는 사건인 에비따의 시신 도난 사건을 중심으로 전개된다. 1952년, 33세의 젊은 나이에 자궁암으로 세상을 떠난 에비따의 죽음은 아르헨티나 사회에 거대한 충격을 주었고, 그녀의 사후 경제적 침체기와 정치적 불안은 더욱 심화했다. 1955년 군부 쿠데타로 후안 도밍고 뻬론이 스페인으로 망명하면서, 노동총동맹 본부에 전시되어 있던 에

---

1) Iván de la Torre, "Peronismo versus escritores: entre el amor y el espanto(II)", *Enciclopedia*. http://www.henciclopedia.org.uy/autores/Delatorre/Peronismo2.htm

비따의 시신이 사라지는 기묘한 사건이 발생한다. 이는 군사평의회가 뻬론주의 신화를 무너뜨리려는 시도로 추정되며, 노동자들이 그녀의 시신을 기치로 봉기할 가능성을 차단하려는 목적이었다.

군부는 그녀의 시신을 특수부대 병영에 숨겼지만, 여전히 불안을 느껴 바티칸과 비밀 협상을 벌여, 결국 에비따의 유해를 로마 근처의 공동묘지에 익명으로 묻는다. 그녀의 시신은 1971년이 되어서야 이탈리아 밀라노 무스코 묘지에서 스페인으로 망명한 뻬론에게 인계된다.

그러나 『그 여자』에서 왈쉬는 에비따의 이름을 단 한 번도 직접 언급하지 않는다. 작품의 전략은 암시와 생략을 통해 신화를 더욱 강화하는 방식이다. 그녀의 이름이 사라졌음에도 불구하고, 작품을 읽는 내내 독자는 그녀를 떠올릴 수밖에 없는 구조를 만든다. 이는 단순한 문학적 장치가 아니라, 에비따의 존재가 역사 속에서 사라지지 않고, 오히려 더욱 강렬하게 살아남는 방식을 보여준다.

《로스 안데스(Los Andes)》지가 이 작품을 두고 "단편 그 이상이다. 돈키호테와 같은 고집으로 고정관념과 싸우기 위해 돌진하는 창조적 과정의 총체"라고 평가한 이유도 바로 여기에 있다. 왈쉬는 단순히 역사적 사건을 재현하는 것이 아니라, 독자의 기억과 상상 속에서 에비따를 다시 살아 숨 쉬게 하는 문학적 마술을 펼친다. 그녀의 존재는 이름 없이도 강렬하며, 그녀의 시신을 둘러싼 서사는 단순한 정치적 논쟁을 넘어 아르헨티나 역사와 집단적 기억의 문제를 탐색하는 공간이 된다.

왈쉬의 문학은 단순한 기록이 아니라, 사라진 존재를 다시 불러내고, 역사적 기억을 되살리는 힘을 갖는다. 『그 여자』는 단순한 인물의 재현이 아니라, 그녀가 잊히지 않고 역사 속에서 끊임없이 회자하는 방식을 탐구하는 뛰어난 문학적 실험이다.

로돌포 왈쉬의 『그 여자』는 대령과 기자의 대화 형식을 통해 서사가 전개된다. 그러나 이 작품에서 두 인물의 실명은 직접적으로 드러나지 않으며, 왈쉬는 독자들이 이들의 정체를 유추할 수 있도록 세밀한 단서를 남겨놓는다.

대령은 기자의 정확성을 칭찬하며 독일인의 성향과 비교한다. 기자가 "혹은 영국인들처럼"[2]이라고 응수하는 장면은 단순한 대화가 아니라, 등장인물의 정체에 대한 중요한 실마리를 제공한다. 대령이 독일 성을 가졌다는 서술은 실제 역사에서 에비따의 시신 탈취를 주도했던 까를로스 무리 꼬에닝(Carlos Moori Koening)과 연결될 수 있다. 그는 정보기관에서 오랜 기간 활동하며 군사 정권의 지시에 따라 그녀의 시신을 관리했던 인물 중 하나다.

기자의 신원 역시 미묘하게 암시된다. "나는 영국 성을 가지고 있다"[3]라는 문장이 생략되었을 것으로 추정되며, 이를 통해 왈쉬 자신이 기자의 역할을 대변하고 있음을 짐작할 수 있다. 실제로 역사 속에서 에비따의 시신을 가까이서 관리했던 인물은 두 명뿐이었다. 그녀를 미라로 만들고 매일 관 옆에서 그녀를 지켜보았던

---

2) Rodolfo Walsh, *Los oficios terrestres*, Buenos Aires: Ediciones de la Flor, 2001, p. 9.
3) Ibid., p. 9.

뻬드로 아라 박사, 그리고 군부의 명령에 따라 그녀의 시신을 비밀리에 옮겼던 까를로스 무리 꼬에닝이었다.

로돌포 왈쉬의 『그 여자』는 역사적 사실을 바탕으로 하면서도, 문학적 장치를 활용해 신비로운 분위기를 극대화한 작품이다. 무리 꼬에닝 대령은 뻬론주의자들의 눈을 피해 에비따의 관을 군 트럭에 실어 군사 시설을 옮겨 다녔지만, 그녀가 도착하는 곳마다 양초와 꽃다발이 놓이는 기이한 현상이 이어졌다. 마치 보이지 않는 누군가가 그녀의 존재를 끝없이 추적하며 지켜보는 듯한 느낌을 주었다.

이런 불안한 사건들로 인해 결국 무리 꼬에닝은 그녀의 시신을 계속 이동하는 것을 포기하고, 까야오 거리와 비아몬떼 거리 사이에 있는 군사정보국 본부 4층 자신의 사무실로 옮겼다. 작품 속 대령 역시 그녀를 비아몬떼로 데려와 텐트 천으로 감싸 벽장 속에 숨겨놓았다고 밝히는데, 이 부분은 실제 역사와 긴밀하게 연결된다.

1956년 2월, 대통령의 명령에 따라 그는 에비따의 시신을 칠레 산띠아고로 옮겨야 했지만, 왈쉬의 소설 속에서처럼 그는 이를 따르지 않고 시신을 자신의 사무실에 몰래 보관했다. 뻬드로 아라 박사가 그녀의 미라를 매일 지켜보며 강렬한 애착을 가졌던 것처럼, 무리 꼬에닝 역시 그녀의 시신에 강하게 집착했다. 그는 작품 속 대령처럼 "그 여자는 내 거야. 그 여자는 내 거라니까"[4]라는

---

4) Ibid., p. 19.

말을 반복하며, 점차 시신의 존재에 사로잡혀 갔다고 한다.

이러한 이야기의 흐름이 실제 역사와 매우 흡사하다는 점에서, 『그 여자』에서 재생된 대화들은 허구적 장치를 가미했음에도 불구하고 기본적으로 사실을 바탕으로 한 문학적 재구성이었다. 왈쉬는 실제 사건을 다루면서도 인물들의 심리적 집착과 신화적 요소를 강조해, 에비따의 존재가 단순한 역사적 기록을 넘어 끊임없이 회자되는 문화적 기억으로 남도록 만들었다.

로돌포 왈쉬는 『그 여자』에서 은유와 생략, 그리고 음성학적 유희를 활용해 작품의 신비로운 분위기를 극대화한다. 그는 등장인물의 실명을 명시하지 않으면서도, 정교한 언어적 장치를 통해 독자가 자연스럽게 그 정체를 추론할 수 있도록 구성했다.

대령이 기자에게 술을 권하며 반복적으로 'Beba'라고 말하는 장면은 이러한 전략을 보여주는 대표적인 예다. 'Beba'는 스페인어 동사 'Beber(마시다)'의 명령형이지만, 그 발음이 반복되면 에비따(Eva)의 이름과 유사하게 들린다. 왈쉬는 의도적으로 이 단어를 사용해 그녀의 존재를 음성적으로 암시하면서도, 직접적으로 언급하지 않는 기법을 활용했다.

이 작품에서 왈쉬는 실명을 생략하고, 언어적 장치를 통해 독자들의 추측을 유도하는 방식으로 픽션 효과를 극대화한다. 대령, 기자, 그리고 '그 여자'의 이름을 직접 밝히지 않으면서도, 독자가 자연스럽게 그들의 신원을 파악하도록 구성한 것이다. 이러한 방식은 독자들에게 작품 속에 숨겨진 퍼즐을 풀어가는 경험을 제공하며, 언어의 생략과 반복을 문학적 효과로 활용하는 뛰어난 기법

〈그림 3〉・부에노스아이레스 레꼴레따 묘지에 안치된 에비따.
출처: https://bafreetour.com/the-grave-of-evita/

이라 할 수 있다.

로돌포 왈쉬는 『그 여자』에서 에비따 뻬론의 신화성을 극적으로 부각하며, 그녀의 존재가 단순한 역사적 인물이 아니라 민중 속에서 신적인 위상을 갖게 되었음을 보여준다. 그녀는 살아 있을 때 전설이었으며, 죽음 이후에는 신화로 자리 잡았다. 노동자들에게는 여신이었고, 가난한 이들에게는 성녀였다. 작품 속에서 그녀의 시신을 처음 본 사람들이 깊은 감동을 받으며 '성녀', '천사'라는 표현을 쓰는 장면은 단순한 애도가 아니라, 그녀가 대중의 집단적 기억 속에서 초월적 존재로 변모했음을 암시한다.

특히 군인 중 한 명이 그녀의 시신을 본 뒤 기절하는 장면은 강렬한 신화적 분위기를 형성하는데, 이는 예수 그리스도의 죽음을 목격한 성 베드로의 경험과 연결된다. 이러한 종교적 암시는 에비따를 성스러운 존재로 자리매김하려는 작품의 의도를 분명히 드러낸다. 대령이 그녀를 파꾼도처럼 선 채로 입관시켰다고 고백하는 장면 역시, 단순한 죽음의 표현이 아니라 영웅적이고 신화적 이미지 구축을 위한 문학적 전략으로 작용한다.

왈쉬는 『그 여자』에서 에비따를 도밍고 파우스띠노 사르미엔또(Domingo Faustino Sarmiento, 1811-1888)의 『파꾼도(*Facundo*)』(1845)에 등장하는 파꾼도 끼로가와 연결하면서 그녀의 신화적 이미지를 더욱 강화한다. 파꾼도는 아르헨티나 민중의 자유 정신을 상징하며, 로사스 독재 정치에 맞서 싸운 인물이다. 왈쉬는 이러한 이미지 중첩을 통해 에비따가 단순한 정치적 인물이 아니라, 민중의 투쟁과 염원을 집약하는 존재임을 강조한다.

결국 작품에서 그녀의 시신은 민중의 대표성을 지닌 강렬한 상징이며, 시신의 소유 자체가 권력의 소유를 의미하게 된다. 군부가 그녀의 유해를 숨기고 이동시키는 과정은 단순한 정치적 사건이 아니라, 민중과 권력 간의 상징적 대립이 된다. 에비따는 죽어서도 살아 있으며, 그녀를 둘러싼 신화는 문학적 재현을 통해 더욱 강렬하게 자리 잡는다.

또한 에비따는 자신의 시신 실종으로 몇 년 후 군부 정권에 의해 고통받을 실종자들을 대표하는 화신이 된다. 정부의 거짓 설명에서 자신들의 무능력을 탓할 수밖에 없는 무수한 실종자 가족들이 느낄 고통을 대변하는 상징적인 인물로 거듭 태어난 것이다. 이는 로돌포 왈쉬의 정치적 입장과도 일치한다. 뻬론주의자인 작가는 에비따의 시신을 노동자 혁명을 위한 중요한 열쇠로 보고 있다. 그래서 그녀에 대한 강렬한 열망을 작품에서 형상화한 것이다.

로돌포 왈쉬는 『그 여자』를 1961년에 쓰기 시작해서 1964년에 집필을 마쳤다. 그러나 실제로는 3년이 걸린 것이 아니라 단 이틀이 걸렸을 뿐이다. 즉 1961년의 하루와 1964년도의 하루 말이다. 단 이틀 만에 작품을 완성했다는 사실은 노동자 혁명을 추구하던 왈쉬의 열망과 염원이 얼마나 강렬했는지 잘 알 수 있게 한다.

로돌포 왈쉬는 『그 여자』에서 단순한 사건의 재구성을 넘어서, 문학을 통해 역사적 진실을 밝히려는 강한 의지를 드러낸다. 작품 속에서 대령은 기자의 집요한 질문을 받으며 처음에는 사건의 내막을 숨기려 하지만, 결국 이 사건이 역사적으로 매우 중요한 의미를 지닌다는 점을 인정하게 된다. 이는 문학이 단순한 허구가 아니라, 역사적 기억을 보존하고 사회적 의식을 고양하는 도구임을 보여준다.

특히 반뻬론주의자들의 행동을 고발하는 대목에서는 왈쉬의 강한 역사 의식이 드러난다. 에비따의 시신을 강물에 던지거나, 비행기에서 투하하거나, 불에 태워 유골을 변기에 버리거나, 심지어 염산으로 녹이려 했다는 기록은 단순한 잔혹한 행동이 아니라 기억 자체를 지우려는 폭력적 시도였다. 이는 권력이 단순히 육체적 생명을 제거하는 것이 아니라, 역사적 존재를 완전히 삭제하려는 방식으로 작동한다는 점을 보여준다.

왈쉬는 이러한 사건을 단순히 문학적 장치로 활용하는 것이 아니라, 진실을 드러내고 독자들에게 역사의 중요성을 인식시키는 방식으로 구성한다. 작품 속에서 기자뿐만 아니라 대령 역시 결국

이 사건이 기록되어야 한다는 데 동의하는데, 이는 억압된 역사를 다시 복원하려는 문학의 역할을 암시한다. 왈쉬는 『그 여자』를 통해 단순한 이야기 전달을 넘어, 문학이 기억을 보존하고 역사의 흔적을 되살리는 힘을 가질 수 있음을 증명해 보인다.

로돌포 왈쉬의 『그 여자』는 그의 문체적 특징을 가장 선명하게 드러내는 작품이다. '그리스도'와 '파꾼도'라는 단어 하나만으로도 독자에게 깊은 의미를 전달하는 그의 필체는, 상징과 암시, 그리고 생략의 기법을 절묘하게 활용한다. 문장 구조는 단정하고 깔끔하며, 서사적 밀도가 높아짐에도 불구하고 가독성을 유지한다.

이 작품에서 왈쉬는 사실과 허구를 정교하게 결합하여 문학적 진실성을 극대화한다. 그는 역사적 사건을 그대로 기록하는 것이 아니라, 문학적 형상화를 통해 독자가 사건을 새로운 시선으로 바라볼 수 있도록 한다. 이를 통해 그는 단순한 서술을 넘어 문학이 역사를 증언하는 방식을 탐구하며, 아르헨티나 문학에서 중요한 위치를 차지하는 증언 소설의 대표적인 작가로 자리매김한다.

『그 여자』는 정치적으로 민감한 사건을 다루면서도 허구적 서사 구조를 유지하며, 독자에게 문학적 상상력과 해석의 공간을 제공한다. 왈쉬는 "문학의 정치적 사용은 허구로부터 비롯되어야 한다"[5]는 명제를 실천적으로 증명하며, 현실을 단순히 기록하는 것을 넘어 문학이 어떻게 역사와 맞물려 새로운 시각을 창조할 수

---

[5] Ricardo Piglia, "Rodolfo Walsh y el lugar de la verdad", en Rita De Grandis, *Textos de y sobre Rodolfo Walsh*, Madrid: Alianza Editorial, 2000, p. 13.

〈그림 4〉• 로돌포 왈쉬는 『집단학살』을 계기로 본격적인 참여 성향의 작가가 되었다.
출처: amazon.com.

있는지 보여준다. 그의 작품은 단순한 역사적 재현이 아니라, 문학을 통해 기억을 유지하고, 억압된 진실을 드러내는 강력한 도구로 작동한다.

3 『집단학살』: 권력에 의해 지워진 역사의 복원과 폭로

로돌포 왈쉬의 『집단학살(*Operación Masacre*)』(1957)은 아르헨티나 역사 속에서 벌어진 잔혹한 정치적 탄압을 기록하고 증언하는 강렬한 작품이다. 1956년 6월 10일 새벽, 부에노스아이레스주 호세 레온 수아레스에서 군사 정권이 비밀리에 진행한 처형 사건을 바탕으로 한 이 작품은, 단순한 문학적 허구가 아니라 역사적 사실을 생생하게 재현한 증언 문학의 대표적 사례라 할 수 있다.

이 사건은 뻬드로 아람부루(Pedro Eugenio Aramburu, 1903-1970) 장군의 군사 정권하에서 준군사 집단 '자유혁명(Revolución Libertadora)'이 마을 주민들을 무차별적으로 처형하려 했던 참극으로, 최소 다섯 명이 사망하고 열악한 환경 속에서도 일곱 명이 극적으로 탈출해 목숨을 건졌다. 이 살아남은 이들의 증언을 바탕으로, 왈쉬는 이 사건을 문학적 형식 속에서 역사적 기록으로 재구성하기로 결심했다.

『집단학살』은 단순한 사건의 재현을 넘어, 군사 독재 정권하에서 억압받은 사람들의 목소리를 복원하려는 강렬한 저항의 의지를 담고 있다. 왈쉬는 인터뷰와 자료 조사, 실증적 기록을 바탕으로 한 저널리즘적 접근법과 문학적 상상력을 결합하여, 이 비극적인 사건을 독자들이 눈앞에서 목격하는 듯한 방식으로 서술한다.

그의 문체는 날카롭고 직설적이며, 증언과 현실을 교차시키며 사건이 단순한 과거가 아니라 현재에도 계속되는 문제임을 강조한다. 왈쉬의 문학적 작업은 망각과 왜곡을 거부하며, 억압된 목소리를 복원하려는 강렬한 저항의 행위로 평가받는다. 『집단학살』은 단순한 문학 작품이 아니라, 아르헨티나 현대사의 중요한 증언이자, 침묵당한 역사적 진실을 되살리는 강력한 문학적 선언이라 할 수 있다.

로돌포 왈쉬가 『집단학살』을 집필하게 된 것은 강렬한 도덕적 충격과 역사적 책임감 때문이었다. 사건이 발생한 지 6개월 후, 어느 여름밤 카페에서 친구 엔리께 디온으로부터 "총살당한 자 중 생존자가 있다"는 말을 들었을 때, 왈쉬는 블라인드 너머로 들리는 공포에 질린 비명을 외면하는 것과 같은 깊은 수치심을 느꼈다고 회고했다. 이는 단순한 목격자의 죄책감을 넘어, 억압과 폭력 속에서 진실을 밝히는 것이 작가의 의무임을 깨닫는 순간이었다.

　그는 유일한 생존자인 리브라가를 만나 직접 당시의 상황을 청취하고, 사건의 실체를 파악하기 위한 조사에 착수했다. 이 조사 결과는 1956년 12월 23일부터 1958년 4월 29일까지 여러 신문을 통해 공개되었으며, 그 시작은 좌파 성향의 일간지 《쁘로뽀시또스(Propósitos)》에서 이루어졌다.

　특히 1956년 12월 23일에 발표된 리브라가의 고발 내용은 폭발적인 반향을 일으켰다. 당시 《쁘로뽀시또스》는 판매 부수가 5만 부에 이를 정도로 영향력이 컸고, 이 사건이 공론화되면서 전 국민의 관심사로 떠오르게 된다.

　로돌포 왈쉬는 『집단학살』을 통해 문학이 단순한 서사적 형식이 아니라 역사적 증언의 역할을 할 수 있음을 강력하게 입증했다. 초판 서문에서 그는 "나는 이 책이 출판되고 영향을 미치기 위해 글을 쓴다"[6]라고 선언하며, 단순한 창작이 아닌 사회적 변화

---

6) Rodolfo Walsh, *Operación Masacre*, Buenos Aires: Ediciones de la Flor, 2003, p. 153.

를 위한 기록으로써 작품을 바라보았다. 왈쉬는 진실을 알리는 것이 개혁의 첫걸음이며, 역사의 책임을 묻는 과정이라고 믿었다.

이러한 신념 아래 그는 『집단학살』을 철저한 저널리즘적 조사와 문학적 형식을 결합하여 구성했다. 재판 기록, 증언, 인터뷰, 현장 답사, 사진 자료 등 사건과 관련된 모든 요소를 활용해 사실을 문학적으로 재구성했다. 생존자, 미망인, 고아, 공모자, 망명가, 탈옥수, 밀고 용의자, 그리고 이름 없는 영웅들까지…… 사건과 직·간접적으로 관련된 다양한 인물들을 대상으로 한 인터뷰를 통해 다성성을 확보하고, 서술의 신뢰성을 극대화하고자 했다.

특히 왈쉬는 사건의 흐름을 날짜와 시간 단위로 따라가며, 재판정의 분위기와 심문 과정을 세밀하게 묘사하는 방식으로 독자가 사건의 실체에 더욱 쉽게 접근하도록 했다. 이러한 문학적 접근법은 단순한 역사 기록을 넘어 독자들에게 현장감을 주며, 사건 속으로 몰입하게 만드는 강렬한 효과를 제공한다.

당국의 공식적인 언술 자료인 기록물을 대조하여 허위 부분을 적시하며 정권의 도덕성과 정통성 결여를 지적한다. 계엄령 포고문, 피해자 가족들이 정부에 보내는 탄원 전보와 그에 대한 정부의 답장 내용, 가해자들의 내부 보고서, 대법원의 최종 판결문 등 실제 기록 자료도 제시한다. 이는 독자들이 올바른 판단을 내리도록 도와주려는 작가의 노력이다. 사실성 확보를 위한 작가의 노력은 각주의 사용에서도 나타난다. 페이지 하단에 모두 15개의 각주를 사용하고 있는데, 이는 이 작품의 큰 특징 중 하나다. 주로 학술 논문에서나 찾아볼 수 있는 각주를 등장인물이나 사실 정황을 자세히 설명하려는 도구로 이용하면서 사실성과 역사성을 부여하고 있다.

이 작품은 모두 3부로 구성되어 있다. 총 13장으로 구성된 1부 '인물'은 사람 이름을 제목으로 하고 있으며, 각 장마다 3단계 서술 방법을 유지하고 있다. 1단계는 인물의 외모 묘사, 2단계는 성격, 생활환경, 가족애, 직업, 삶의 애환, 생활 수준 묘사, 3단계에서는 개인의 꿈과 희망, 인생 설계, 심리 상태를 묘사하고 있다. 외형 묘사로 시작해서 점차 내면 세계 그리기로 이어진다. 각 인물은 대부분 노동자로, 뻬론주의의 핵심을 이루는 중간 소시민 계층에 속한다. 이들의 움직임은 서로 의미 있게 얽혀서 6월 9일 밤 사건으로 초점이 모인다. 다양한 인물의 목소리를 통한 사건의 재구성이 시작되는 것이다.

2부 '사건'에서는 부에노스아이레스 경찰국장 페르난데스 수아레스가 저지른 학살 사건을 재구성한다. 당시의 공포 분위기, 영문도 모른 채 체포되어 연행되는 희생자들의 공포, 총살 집행, 용의자들의 도피와 경찰의 추적 등을 그리고 있다. 시간 경과에 따라 분 단위로 사건의 흐름을 짚어 가면서 사건을 재구성한다.

3부 '증거'에서는 일간지 기사 내용을 조목조목 반박하며 도글리아 변호사의 진술, 리브라가에 대한 심리, 대법원의 판결 내용을 토대로 리브라가에 대한 총살 집행이 불법이었음을 주장한다.

『집단학살』은 군사 정권에 대한 전체적인 심판이나 뻬론주의자들의 대정부 투쟁을 목적으로 하지 않는다. 그렇다고 1956년 6월 9일에 있었던 바예 장군과 땅고 장군의 군부 반란 사건을 다루지도 않는다. 단지 호세 레온 수아레스 쓰레기 처리장에서 있었던 총살 사건만을 다룰 뿐이다. 이는 왈쉬가 구체적인 사건에 국한될 때 비로소 언론이나 법원에 의해 고발이 더 잘 받아들여질 가능성이 클 것이라고 믿었기 때문이다. 그러므로『집단학살』에서 다루고 있는 사건의 핵심은 총살이 불법적인 학살이냐, 합법적인 집행이었느냐의 문제이며, 그 열쇠는 총살이 집행된 정확한 시각에 달려 있다. 총살이 계엄령 선포 이전에 집행되었는가, 그 이후에 집행되었는가에 따라 합법성 여부가 달라지기 때문이다. 따라서 왈쉬는 총살 시각을 규명하는 데 조사의 초점을 맞추고 있다.

우선 계엄령 선포 시각부터 규명할 필요가 있다. 방송국 기록을 바탕으로 하면 정확한 계엄령 선포 시각은 6월 10일 0시 32분임을 알 수 있다. 용의자들을 체포한 시각은 페르난데스 수아레스 경찰국장의 진술에서 나타난다. 그의 증언에 따르면 체포 시각은 밤 11시경이다. 계엄령 발효 시점보다 1시간 반이나 앞선 것이다. 즉, 서장의 체포 명령은 민간 경찰 자격으로 내려졌고 총살 명령은 군인 자격으로 내려진 것이다. 그렇다면 계엄령에 근거해서 용의자들을 체포했다는 정부의 주장은 거짓이며, 그들에 대한 총살형은 불법적 학살인 것이다. 그래서 로돌포 왈쉬는 작품 마지막에 그것은 총살이 아니었고 학살이었다고 사건의 성격을 명확히 규정짓는다. 그리고 그것은 지울 수 없는 오점이며, 동시에 정부와 정의 그리고 군부 모두에 침을 뱉는 것과 마찬가지라고 비판한다.

권력에 의해 만들어진 진실은 언제라도 무효가 될 수 있음을 확인한 것이다. 아직 정확한 진실 규명까지는 안 되었다 하더라도 최소한 지금까지 진실이라고 믿어 왔던 것은 당국이 의도적으로 꾸며낸 허위 사실임을 보여준 것이다. 이는 로돌포 왈쉬가 언론 기사에 대한 정밀 조사와 관련자들의 각종 진술과 증언, 다양한 정보와 자료를 토대로 추리소설 형식으로 밝혀낸 결과다. 작가이자 동시에 조사자로서의 왈쉬의 노력이 빛을 발하는 순간이다. 왈쉬는 이 사건을 기화로 조직적으로 이루어진 아람부루 정권의 잔혹성과 부도덕성을 질타한다. 아람부루 정권은 수백 명의 노동자를 투옥했고, 모든 파업을 무력으로 진압했으며, 많은 사람을 대상으로 무자비한 고문이 자행되었다고 폭로한다. 1955년 아르헨티나 당국이 내건 '법의 왕국(Imperio del Derecho)'이라는 국가 슬로건을 무색하게 만든 것이다.

인터뷰와 소설의 경계를 허물어 버린 소설이라는 평가를 받는 『집단학살』은 로돌포 왈쉬가 역사에 파묻힌 침묵의 소리를 재생해 낸 것이다. 언론마저도 누가 그들을 체포했는지, 누가 왜 그들에 대한 처형 명령을 내렸는지에 대해 침묵하는 상황에서 작가이자 언론인으로서의 역사 의식이 발현된 결과물이다. 이런 끔찍한 사건이 더 많은 사람들에게 광범위하게 알려져서 다시는 이런 사건이 재발하지 않도록 하기 위한 것이다.

다양한 사람들의 목소리, 다양한 각도와 다양한 서술 관점으로 학살 사건을 재구성하면서 독자가 사건의 실체를 파악하게 만드는 서사 기법을 사용하고 있는 이 작품은 사실과 허구가 혼합된 증언 문학의 성격을 잘 보여주고 있다. 이는 한편으로는 공식적인 기록과 사건 당사자들의 증언 등을 적절히 배치해 작품의 사실성을 높이고 다른 한편으로는 다양한 소설적 기법으로 문학적 효과를 극대화하기 위한 작가의 노력이며, 바로 이 점이 왈쉬가 이룬 증언 문학의 특징이기도 하다.

4 『누가 로센도를 죽였는가?』: 변질된 노동운동과 부패한 사회 구조 비판

로돌포 왈쉬는 문학을 통해 사회적 현실을 날카롭게 분석하는 작가였다. 그는 뻬론주의 노조의 정신을 지지하면서도, 노조의 관료화에 대한 강한 경계심을 가졌다. 그에게 노조가 권력과 결탁하여 타협하는 순간, 본래의 순수성과 민중을 위한 역할을 잃어버린다고 보았다. 이러한 시각은 1966년 로센도 가르시아 살해 사건에 대한 그의 분석과 맞물린다.

이 사건은 1966년 5월 13일, 아베야네다의 피자집 '라 레알'에서 열린 노조 지도자들의 회의 도중, 괴한의 습격으로 로센도 가르시아, 도밍고 블라하끼스, 후안 살라사르가 피살된 사건이다. 왈쉬는 이를 단순한 범죄로 보지 않고, 노조 내부의 부패와 정치적 거래가 빚어낸 비극적 결과로 해석했다.

그는 작품 『누가 로센도를 죽였는가?』에서 이 사건을 재구성하며, 범인을 추적하는 동시에 노조의 관료화와 부패 시스템을 비판한다. 이 작품은 단순한 범죄소설이 아니라, 문학을 통해 사회적 구조를 파헤치고, 억압된 진실을 드러내려는 강렬한 실천적 글쓰

〈그림 5〉• 로돌포 왈쉬와 작품 『누가 로센도를 죽였는가?』
출처: Sora.

기였다.

왈쉬는 이 작품이 사건 생존자들의 도움으로 이루어졌으며, 직접적 증언이나 재판 심리 결과에 기초를 두지 않은 것은 한 줄도 없다고 밝히고 있다. 작가 스스로 이 작품이 증언 소설이라는 점을 밝히면서 독자들에게도 이 작품을 사실과 허구의 복합이라는 관점에서 읽을 것을 요구하는 것이다. 실제로 이 작품은 재판 기록, 경찰 조사보고서, 감정 결과, 면담 기록, 20세기 아르헨티나 노조 운동사 등 많은 기록을 담고 있다. 작가도 이 기록물 중에서 인용된 것이라면 단어 하나라도 모두 인용 표시를 달고 있다. 작품의 객관성과 진실성을 담보하기 위해서다.

『누가 로센도를 죽였는가?』의 초반에는 살해 사건이 일어난 아베야네다 지역 노동자들의 삶이 잘 드러나 있다. 사건 핵심 인물 개개인의 성장 과정, 생활상, 성격, 정치적 성향, 노조 활동 경력 등이 섬세하게 서술되어 있는데, 이들의 경력을 소개하는 대목에서는 당시 노동자들의 삶, 노조 탄압, 노조와 정치권과의 관계 등 사회학적인 접근이 자연스럽게 이루어지고 있다.

왈쉬는 조사 과정에서 있었던 당국의 사건 진상 은폐 노력을 적나라하게 드러낸다. 경찰은 지문을 지우고, 노동자들은 추적하나 노조 지도자들은 감싸주고, 판사들도 진실 추구를 회피하며, 정부는 멋대로 정보를 왜곡하고, 언론도 사건의 핵심을 들여다보길 꺼린다. 그러니 국민은 사건의 전모를 알 도리가 없다. 그러나 왈쉬는 언론인 출신으로서의 재능을 발휘해 경찰이 사건 발생 2년이 지나도 해결하지 못한 진실을 파헤치는 데 성공한다. 왈쉬는 당시 회합에 참석했던 인사들의 명단을 정리하고, 그중 무장을 했던 사람이 누구였던가를 여러 사람의 증언을 통해 확인한다. 생존자 중 한 명이 당시 상황을 그린 도면을 확보해서 그날 밤 '라 레알'의 좌석 배치와 실탄 발사 방향 등을 추적하는 데 성공한다.

결국 그는 로센도 가르시아를 살해한 범인이 아우구스또 띠모떼 반도르라고 결론짓는다. 반도르는 1950년 필립스 공장 노동자로 입사하여 노동운동계에 투신하여 뛰어난 협상력을 바탕으로 노조 지도자로 급부상했고, 1954년 뻬론 정권 당시 노동 조건을 요구하는 파업을 성공적으로 지휘하여 1958년 금속노조연맹 지도부에 선출된 인물이다. 왈쉬는 반도르의 살해 동기도 충분히 설명하고 있고, 그가 살해 책임을 노조원들에게 떠넘기고 있는 사실도 밝혀낸 것이다.

또한 '늑대'라는 별칭을 가진 반도르가 노동계 지도자로 부상할 수밖에 없었던 시대상과 노조가 정부와 기업들과 비밀 협상을 벌이는 불투명한 관계 등에 대해서도 언급하고 있다. 당시 노조 활동과 노조의 변화 추이에 대해서도 구체적 수치와 통계를 인용하며 설명하고 있다. 이처럼 이 소설은 바탕에 당대 정치 상황을 깔고 있기 때문에 정치 에세이라고 해도 무방할 정도다. 이는 로센도 가르시아의 살해 사건이 과장되거나 허황한 것이 아니라 노조 활동 노선의 갈등으로 빚어진 폭력 사건임을 논리적으로 설명하고 있다는 사실을 보여주기 위한 설명이라고 판단된다.

이 작품은 1968년 중반경에 노동총연맹의 주간지에 실렸던 연재물에 마지막 3부 '반도리스모'를 추가한 것이다. 이 작품의 표면적 테마는 로센도 가르시아의 용기 있는 죽음의 진실 규명에 있고, 심층적 테마는 1955년 이후 아르헨티나 노조의 변천사를 살펴보는 데 있다. 왈쉬는 언론, 경찰, 판사, 역사가, 시인, 작가들로부터 외면당한 이들의 말을 담고자 했으며, 언젠가는 외면당한 사람들, 쫓기는 사람들, 결국 반란을 일으킬 수밖에 없었던 사람들의 행동이 얼마나 아름답고, 정의로우며, 영광스러운지 알게 될 미래를 희망하면서 이 작품을 썼다. 숨겨진 사실을 들추어내서 사건의 진상을 알리고 관료화된 노동조합의 문제점을 드러내려 하는 것이다.

〈그림 6〉• 아르헨티나 금속노조연맹(UOM) 로고.
출처: https://uom.org.ar/

그러나 이 작품은 흑색 소설이 아니다. 개인적 범죄를 다루는 음모나 줄거리도 없다. 처음부터 누가 살해되었는지, 진짜 범인일 가능성이 있는 인물은 누구인지 알려주고 있다. 이는 전통적인 흑색 소설의 범위를 벗어난 것이다. 왈쉬는 이 사건을 개인적 동기에 의한 범죄로 인식하지 않는다. 다양한 사회 조직과 시스템의 갈등과 충돌로 빚어진 일종의 사회적 범죄로 인식하고 있다. 그는 아베야네다 학살과 같은 복잡한 사건이 우연히 일어난 것이라고는 믿지 않는다. 반드시 반도리스모와 같은 거대 조직이 개입되었을 것이라고 믿는다. 그래서 왈쉬는 이 작품을 통해 노조의 관료화와 부패된 사회 시스템을 비판하려는 의지를 보여준다.

왈쉬는 로센도 살해 사건의 중심에 아우구스또 띠모떼 반도르와 반도리스모가 있다고 확신하지만, 반도르는 작품 속에서 사건에 관련된 증언을 하지 않는다. 그의 성격도 주변 노동자들의 증언이나 언론에 의해 알려진 것들, 혹은 본인이 언론에 말했던 것들에 의해 파악될 뿐이다. 반도르는 1954년 뻬론 정부 시절 금속노조연맹(Unión Obrera Metalúrgica, UOM) 사무총장으로 선출되었고, 그 이후 반도리스모의 성격을 파악할 수 있는 슬로건이 정해진다. "공장에서 말썽을 일으키는 자는 UOM에서도 말썽을 일으키며, UOM에서 말썽을 부리는 자는 공장에서도 말썽을 부린다." 반대파에 대한 반도르의 응징은 가혹하다. 폭행, 총살은 물론, 경찰에게 추적, 고문, 살해를 맡기기도 한다.

반면에 언론은 반도르를 '가장 유능한 노동조합 협상가', '우파와도 일할 줄 아는 대중적인 사고를 지닌 노동조합주의자'라고 규정한다. 그만큼 유연한 협상가로서의 기질이 있다고 판단한 것이다. 그러나 왈쉬는 바로 그 점이 비난받을 요소라고 확신한다. 왈쉬에게 반도리스모는 노동자들을 이용해 지휘부만 이득을 취하는 관료화된 조직에 불과할 뿐이다. 그가 바라보는 반도리스모는 폭력 조직으로, 매카시즘과 정부 인사들과의 면책 협상에 능한 조직이며, 반도리스모의 권력은 노동자들에게서 나오는 것이 아니라 정부의 도움과 뻬론의 전략 변화에 기인한다.

1958년 아르뚜로 프론디시 정부가 들어서며 노동자들의 권익 향상과 노조 운동을 허락하게 된다. 그러자 금속노조연맹을 대표하는 반도르의 영향력도 확대되며 관료화도 공고화된다. 정치권 인사나 기업주들과 빈번한 비밀 회동을 하며, 비자금을 만들어 반대 인사들을 회유하거나 노조 자금을 횡령하고 각종 선거에서 자신의 친위 세력이 당선되도록 조종하기도 한다. 그렇게 10년 동안 노조를 대표해 온 반도르는 1969년에 이르러 전투적이고 독립적인 노동운동에 걸림돌이 되고 만다. 실제로 반도르는 노동조합을 자본주의 시스템에서의 권력 요소 중 하나라고 생각하며 정부, 기업과 유착 관계를 지속했다. 그는 계급투쟁을 믿지 않았고 노동자들을 하나의 계급으로 보호해 주지도 않았다. 그는 초기 뻬론주의 정권이 노동자들을 위한 정부라고 생각했음에도 불구하고 프론디시 정부와 옹가니아 정부와도 친밀 관계를 유지했다.

1962년부터 1966년까지 노동 단체들은 아르헨티나 정치 체제 속에 공식 기구로 편입되는 중요한 과정을 겪게 된다. 이 과정의 핵심 인물은 반도르였다. 그 결과 노동운동은 약화하고 노조의 관료화는 강화된다. 왈쉬는 반도리스모가 지배한 10년 동안의 노동운동 결과를 매우 부정적으로 평가한다. 노동자 실질 임금의 감소, 실업자 수 증가, 노조 회원 단체의 감소 등이 그 결과라는 것이다.

왈쉬는 그 원인으로 반도르의 '이데올로기 결여'를 지적한다. 이념이 아닌 순간적 모험주의와 정치적 기회주의가 빚은 결과라고 판단한 것이다. 그리고 반도리스모가 가능했던 근본적인 원인은 바로 사회적 시스템이라고 지적한다. 왈쉬는 『누가 로센도를 죽였는가?』의 마지막 장에서 "본인이 판단한 것을 말하지 않고서는 이 작품을 끝맺을 수 없다"[7]고 밝히고 있다. 그리고 부패한 사회 시스템을 질책한다. 왈쉬는 정부, 정의, 시스템이 정상적으로 작동하지 않는다고 비판하며, 만일 반도르가 구속되지 않는다면 이는 정부에게 아직 반도르가 필요하기 때문이라고 단언한다.

결국 로센도 가르시아 사건은 반도르와 반도리스모의 실체를 벗겨주는 중요한 역할을 한 것이다. 즉 노동운동의 저항력을 깨뜨리고 손과 발을 꼭 묶은 채 과두체제 정부에게 헌납한 반도르와 반도리스모의 실체를 제대로 파악하는 기회를 제공한 것이다. 반도리스모는 정치권은 물론 노동계에서도 협상, 실용주의 그리고 1955년부터 아르헨티나를 지배했던 실용 정치의 생생한 수용의 동의어가 되기에 이르렀다.

노조 관료화는 지도자의 노동운동 능력과 직결된다. 노동자들은 선거에서 노동운동 능력과 무관하게 투표하게 되며, 승리자는 노조 내부 권력 유지에 더 힘을 쓰게 된다. 조직이 비대해질수록 지도자의 행정 능력과 협상 능력은 더 중시되며 조직은 카스트처럼 계급화되고 내부의 적은 증가한다. 비대한 공룡의 모습을 띤 정체된 모습이다. 반도리스모 역시 보수적이기 때문에 변화를 싫어한다. 동조하지 않는 자들에게는 징벌을 가한다. 그들은 깨어 있기 때문이다. 반도리스모는 노동자들이 노동계급으로서 자체적인 이념, 감정, 필요, 이해관계를 가지는 것을 부정하려 하는데, 이

---

[7] Rodolfo Walsh, *¿Quién mató a Rosendo?*, Madrid: 451 Editores, 2010, p. 167.

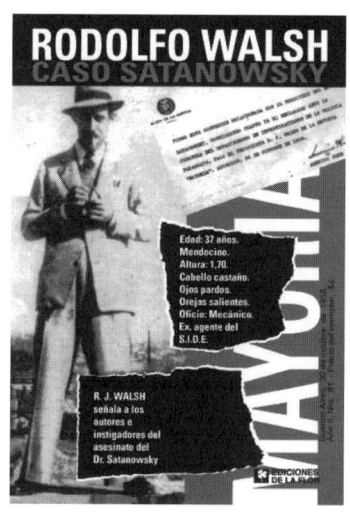

〈그림 7〉・로돌포 왈쉬의 작품 『사따노프스키 사건』.
출처: https://www.clarin.com

는 반도리스모가 결국 지배계층의 이념, 감정, 필요, 이해관계를 가지고 있기 때문이다. 노조가 이미 관료화된 것이다. 소설 『누가 로센도를 죽였는가?』는 이런 우려가 현실화했음을 잘 보여주고 있는 작품이다.

『누가 로센도를 죽였는가?』의 끝부분에서 왈쉬는 『집단학살』과의 유사점을 밝히고 있다. 우선 양쪽 모두 사건 발생 후 모든 일이 매우 조용하게 묻혀 버렸다는 점이다. 또 하나는 양쪽 모두 피살된 노동자들이 노동 단체에서 전위 역할을 맡고 있는 혁명적 인사들이었고 비무장 상태였다는 점이다. 『집단학살』에서의 로드리

게스, 까란사, 가리보띠와, 『누가 로센도를 죽였는가?』에서의 블라하끼스와 살라사르처럼 말이다. 반면 살해자들은 정치권력과의 유착 관계를 즐기는 인사들이다. 『집단학살』의 페르난데스 수아레스와 『누가 로센도를 죽였는가?』의 아우구스또 띠모떼 반도르가 그런 인물이다. 왈쉬는 이런 증언 소설의 집필 기회를 통해 자신이 잘 모르는 사람들과 자신보다 낮은 곳에 있는 독자들에게로 눈길을 돌리는 성과를 거뒀다.

그러나 왈쉬는 이런 성과를 이루기 위해 신문 기사와 같은 전통적인 언론인으로서의 자세를 고집하지 않았다. 비록 이 작품도 주간지 게재로 시작되긴 했지만 왈쉬는 이미 언론과 언론인에 대한 실망감을 느끼고 있었다. 『집단학살』과 『사따노프스키 사건』에서 보여준 치열한 언론인으로서의 모습이 결과적으로 사회 시스템을 바꿀 수 없다는 것에 대한 자괴감이 컸다. 살인자는 죄가 입증되었으나 결국 풀려나고 마는 결과가 반복되는 것을 본 탓이다.

결국 이런 현실에 절망한 왈쉬는 정보 확산을 위해 독재 정권의 감시 속에서 비밀통신사(ANCLA)와 연합통신사(Cadena Informativa)를 창설하기에 이른다. 글쓰기 양식도 변화한다. 이 작품에서 보여준 왈쉬의 필체는 전형적인 언론인으로서의 사건 보고보다는 법률 조서 작성에 가까운데, 그는 법적 유무죄에 대해 결론을 내리기보다는 '라 레알' 사건의 원인이 되는 부패 시스템에 대한 정치적, 역사적, 경제적 접근을 시도하고 있다.

이 작품은 언론인과 소설가 모두에게 중요한 교훈을 남겼다고 평가받는다. 언론인에게는 사건의 핵심을 파헤칠 때까지 철저한 조사를 수행할 것과, 생존자, 사망자의 가족, 증인, 경찰, 주변 인물은 물론 부검의의 인터뷰도 모두 기록해야 한다는 교훈을 남겼다. 초 단위의 사건 개요와 센티미터 단위의 도면 작성과 현장 검증의 중요성도 일깨워 주었다. 소설가에게는 시간과 공간의 완벽한 통제가 필요하다는 점을 일깨웠다. 인물 묘사, 정치적 콘텍스트, 역사적 사건들, 증언 내용, 이 모든 것들이 '라 레알'이라는 공간을 전혀 벗어나지 않으며, 주인공에 대한 시선을 단 일 초도 놓치지 않고 있다.

5 사실과 허구의 경계를 넘나드는 시대의 기록

로돌포 왈쉬는 역사적 사건을 추적하는 데 집중하는 작가다. 『그 여자』에서는 에비따의 시신을 둘러싼 비밀과 권력의 암투를 탐색하고, 『집단학살』에서는 호세 레온 수아레스 쓰레기 매립장에서 벌어진 은폐된 처형 사건을 파헤친다. 또한 『누가 로센도를 죽였는가?』에서는 노조 지도자의 피살 사건을 좇으며 노동운동 내부의 부패와 타락을 비판한다.

  이 사건들은 아르헨티나 역사에서 대대적으로 주목받은 대규모 사건은 아닐지라도, 왈쉬에게 중요한 것은 사건의 크기가 아니라 그것이 어떻게 기억되고 있으며, 그 기억이 조작되었는가였다. 그는 공식적으로 알려진 진실과 실제 진실 사이의 괴리를 발견했고, 이를 문학적으로 복원하는 데 주력했다.

왈쉬는 중심부에서 벌어진 역사적 대사건보다는, 주변부에서 간과된 사건들을 다룸으로써 사회적 문제의 본질이 주변에서 시작될지라도, 그 뿌리는 체제의 중심에서 비롯된다는 점을 강조했다. 그의 서사는 단순한 기록이 아니라, 사회 구조와 정치적 맥락 속에서 사건의 실체를 분석하고 그 의미를 새롭게 구성하는 과정이었다.

이런 문학적 탐구는 권력의 발표를 그대로 믿지 않는 강한 불신에서 비롯되었다. 왈쉬는 사건을 깊이 들여다볼수록, 진실이 얼마나 복잡하게 얽혀 있는지, 언론의 침묵이 얼마나 강력한지, 정의가 실현된다는 기대가 얼마나 헛된 희망일 수 있는지를 깨닫게 된다. 그러나 그는 이러한 현실을 단순히 한탄하는 것이 아니라, 문학을 통해 독자들이 직접 경험하도록 만든다.

왈쉬의 작품들은 단순한 이야기 이상의 의미를 지닌다. 그는 역사의 어두운 진실을 드러내는 문학을 통해, 억압된 목소리를 복원하고, 망각을 거부하는 강렬한 저항의 서사를 만들어냈다. 그의 글쓰기는 단순한 창작이 아니라, 사회적 책임을 수행하는 문학적 실천이었다.

로돌포 왈쉬의 문학은 단순한 기록을 넘어서는 증언 소설의 형식을 취한다. 그의 작품 속 사건들은 공통적으로 발생 원인에 대한 명확한 설명이 부족하다. 이는 단순히 작가가 원인을 찾지 못했기 때문이 아니라, 역사가 항상 완벽한 서사를 제공하지 않는다는 점을 문학적으로 반영하려는 의도적 전략이라 볼 수 있다. 왈쉬는 서사를 통해 사건을 재구성하지만, 설명되지 않은 부분을 남겨둠으로써 독자 스스로 사건을 탐구하고 해석하도록 유도한다.

증언 소설은 단순한 기록문학과는 차별화되며, 사회적 현실을 문학적 장치 속에서 형상화하는 독특한 방식을 요구한다. 왈쉬는 이를 실천하며, 객관적인 사실성과 허구적 상상력 사이에서 균형을 맞춘다. 그의 글쓰기 방식은 사회학적 분석과 문학적 재구성이 조화를 이루며, 서사적 밀도와 예술적 효과를 동시에 극대화한다.

그는 현대사에서 발생한 사건들을 역사적 사실에 충실하게 담아내면서도, 문학적 형식을 적극 활용하여 사건의 복합성을 표현한다. 사실과 허구가 결합된 방식으로, 단순한 기록이 아닌 문학적 진실을 전달하는 것이 왈쉬의 문학적 특징이다. 이를 통해 그는 역사적 사건을 그대로 나열하는 것이 아니라, 사회적 기억을 유지하고 독자들에게 사건을 직접 경험하는 듯한 몰입감을 제공한다.

로돌포 왈쉬의 문학은 테마에 따라 사실과 허구의 균형을 유연하게 조정하며, 역사적 사건을 다루는 방식에서 차이를 보인다. 『집단학살』과 『누가 로센도를 죽였는가?』는 사건의 실체를 밝히는 데 초점을 맞추며 사실성을 극대화하는 작품이다. 두 작품 모두 철저한 저널리즘적 접근법을 채택하여, 실제 기록물과 인터뷰를 기반으로 사건을 재구성했다.

반면 『그 여자』는 에비따의 시신 탈취 사건을 모티프로 삼고 있지만, 왈쉬는 문서적 사실의 틀에서 벗어나 허구적 요소를 적극 활용한다. 작품 속에서 에비따의 이름조차 등장하지 않으며, 대령의 실명도 언급되지 않는다. 이는 왈쉬가 단순한 역사적 기록을 넘어, 문학적 상징성을 극대화하고 독자에게 더욱 강렬한 신화적 경험을 제공하려는 의도를 반영한 것이다.

이러한 기법을 통해 『그 여자』는 에비따를 단순한 역사적 인물이 아니라 사회적 책무를 완수하려는 상징적 존재로 끌어올린다. 그녀는 문학 속에서 다시 살아나며, 아르헨티나 문학에서 지속적으로 등장하는 사회적 기억의 중심인물이 된다.

로돌포 왈쉬의 서술 방식은 증언 소설의 핵심적 특징을 반영하며, 다양한 인물들의 목소리를 통해 사건을 입체적으로 재구성한다. 그는 단순한 일인칭 서술이나 작가의 직접적 개입을 최소화하고, 등장인물들의 대화 속에서 사건의 실체가 자연스럽게 드러나도록 하는 방식을 택했다.

왈쉬가 사실적 근거를 충분히 마련하기 위해 기록 문서와 구두 증언에 크게 의존하는 것은 객관성과 진정성을 확보하려는 노력의 일환이다. 그는 단일한 역사적 관점이 아니라, 수많은 인물들의 다양한 시각과 해석을 통해 사건을 폭넓게 바라볼 수 있도록 구성한다. 이로써 독자는 단순한 작가의 설명이 아니라, 각 인물들의 관점 속에서 역사적 사실과 허구적 요소가 긴밀하게 결합된 형태로 사건을 체험하게 된다.

미하일 바흐친(Mikhail Bakhtin)의 다성성(多聲性, polyphony) 개념을 적용해 본다면, 왈쉬의 작품들은 단일한 서술자의 주장이 아니라, 다양한 인물들이 만들어내는 다층적 해석과 시각이 공존하는 문학적 공간을 형성한다고 볼 수 있다. 그는 독자들에게 한 가지 역사적 진실만을 강요하는 것이 아니라, 서로 다른 관점과 경험을 통해 역사적 실체를 깊이 탐구할 수 있도록 유도하는 것이다.

결과적으로 왈쉬는 문학적 형식을 활용하여 독자 스스로 역사적 사건을 판단하고 해석할 수 있는 열린 구조를 만든다. 이는 증언 소설의 특징을 극대화하면서도, 기록과 허구의 절묘한 균형 속에서 문학적 진정성을 유지하는 독창적인 방법이라 할 수 있다.

또한 왈쉬의 작품에서는 사건 관계자들이 직접 체험한 것을 진술하고 있다. 이때 개인적 체험 가치는 사회적 성격을 띠게 된다. 특히 『집단학살』과 『누가 로센도를 죽였는가?』에서 두드러지는 이 진술 내용은 개인의 증언이기도 하지만 동시에 사회적 파장을 일으키는 역할을 한다. 사건을 몸소 체험한 사람들과 직접 재판에 회부된 자들의 목소리를 담음으로써 증언의 신뢰도를 높이고자 하는 것이다. 이렇게 신뢰할 만한 증인에 의해 진술되는 증언의 내용은 사회, 역사적인 성격의 의미를 띠고 공동체적 의미가 있다. 그러므로 청자는 다중이고 발화 내용은 다분히 집단적이고 사회적 성격을 띠게 된다. 이는 로돌포 왈쉬가 그간 저널리스트로서 겪은 경험과 무관치 않다.

왈쉬는 형식적인 면에서 자료 수집의 과학적 방법과 미학적 텍스트 구성이라는 중립성을 유지한다. 그럼으로써 공식 언술과 차별화하면서 기록적 사실을 미학적으로 승화하는 서사 전략을 취하고 있다. 그래서 왈쉬의 작품은 사실과 허구의 복합 양식이며, 구체적 요소를 통해 보편적 당위성을 강조하는 구체적 보편성을 띠고 있음을 알 수 있다.

지금까지 살펴본 바와 같이 로돌포 왈쉬의 작품 세계를 관통하는 큰 줄기는 '사실과 허구의 조화를 통한 시대적 증언의 실천'이라 할 수 있다. 로돌포 왈쉬는 자신이 체험한 당대의 구체적 사건에 대한 증언자 역할을 자임한다.

 로돌포 왈쉬는 자신이 체험한 사건들에 대한 강렬한 인상을 기록으로 남겨서 동시대인들이나 후대 하위 계층이 불행한 과거사의 진실을 올바로 알게 하는 것이 자신의 의무라고 생각한다. 그래야 하위 계층이 독재 정권에 대해 어떻게 대처해야 할지 혹은 절대가치인 자유와 평등을 수호하기 위해 어떻게 행동해야 할지 알게 된다고 믿기 때문이다. 그래서 왈쉬에게 있어서 글쓰기란 사회적, 역사적 진실을 찾아가는 여정의 연속이다.

호세 까를로스 마리아떼기와 인디헤니스모:

페루 혁명의 사상적 토대

1 혁명적 사상가, 마리아떼기

호세 까를로스 마리아떼기(José Carlos Mariátegui, 1894-1930)는 페루에서 사회주의 사상을 도입하고 발전시킨 가장 중요한 혁명적 사상가이다. 그는 1920년대 페루 노동자 계층이 점차 형성되는 시기에 사회주의적 시각을 통해 국가의 구조적 문제를 분석하고 해결 방안을 제시했다. 그의 사상은 페루뿐만 아니라 라틴아메리카 전반에 걸쳐 깊은 영향을 미쳤으며, 현대 사회주의 운동에서도 여전히 중요한 이론적 토대를 제공하고 있다.

마리아떼기는 젊은 시절부터 정치·사회 문제에 깊은 관심을 가졌으며, 1919년부터 1923년까지 유럽에서 머무르는 동안 다양한 사상을 접하고 직접 체험했다. 특히 러시아 혁명이 가져온 변화와

〈그림 1〉· 유럽에 체류하면서 다양한 사상을 접한 마리아떼기(가운데).
출처: 위키피디아.

사회주의 이론에 매료되면서 마르크스주의를 체계적으로 연구하게 되었다. 그는 마르크스주의를 단순히 이론적으로 받아들이는 것이 아니라, 이를 페루의 현실에 맞게 적용할 수 있는 방법을 고민하기 시작했다.

페루로 돌아온 마리아떼기는 이전과는 다른 시각으로 조국의 현실을 바라보았다. 그가 본 페루 사회는 극심한 빈부격차와 경제적 불평등에 시달리고 있었으며, 특히 원주민들은 오랜 식민 통치의 영향으로 극심한 가난과 사회적 소외를 겪고 있었다. 그는 페루 사회의 핵심 문제는 원주민 문제이며, 이들을 사회적으로 해방시키지 않는 한 페루의 발전은 불가능하다고 판단했다.

그는 페루 노동자 계층의 성장과 함께 사회주의 혁명이 반드시 필요하다고 주장했다. 기존 지배계층이 페루 경제를 장악하고 있으며, 자본주의적 구조가 원주민을 지속적으로 소외시키고 있다는 점을 지적했다. 마리아떼기는 단순히 노동자 계층의 권리 보장을 넘어, 페루 사회 전체의 구조적 변화를 도모하는 혁명을 필요로 한다고 믿었다.

(1) 『페루 현실 진단을 위한 일곱 편의 에세이』와 「아마우따」

마리아떼기는 페루 사회의 구조적 문제를 분석하고, 인디오 문제를 중심으로 해결책을 제시하기 위해 『페루 현실 진단을 위한 일곱 편의 에세이(Siete ensayos de interpretación de la realidad peruana)』(1928)를 집필했다.

이 저서는 페루의 경제적·사회적 모순을 탐구하며, 국가가 지속적인 발전을 이루기 위해 반드시 해결해야 할 핵심 과제가 인디오 문제임을 강조하고 있다. 그는 페루의 정치·경제 시스템이 봉건적 구조와 가모날리스모(Gamonalismo) 체제 속에서 인디오를 착취하고 있으며, 이를 개혁하지 않으면 진정한 사회 발전은 불가능하다는 점을 지적했다.

『페루 현실 진단을 위한 일곱 편의 에세이』에서 그는 사회주의적 시각에서 토지 문제를 분석하며, 토지 개혁을 포함한 경제 구조 변혁이 필수적이라는 주장을 펼쳤다. 마리아떼기는 단순한 법

〈그림 2〉· 마리아떼기의 대표작 『페루 현실 진단을 위한 일곱 편의 에세이』.
출처: amazon.com.

적 개혁이나 행정적 조치로는 인디오 문제를 해결할 수 없으며, 페루 사회의 근본적인 변화가 필요하다고 역설했다. 이 저서는 단순한 분석서가 아니라, 페루의 새로운 사회·경제 체계를 구상하는 혁신적 제안서였다.

한편, 그는 사회주의 사상을 널리 알리고 지식인, 노동자, 혁명가들이 교류할 수 있는 장을 마련하기 위해 《아마우따(Amauta)》 잡지를 창간했다. 《아마우따》는 단순한 정치 잡지가 아니라, 페루의 새로운 문화를 창조하기 위한 지식 운동의 중심지였다. 마리아떼기는 이 잡지를 통해 페루 지식인들의 사상적 교류를 촉진하고, 노동자와 혁명가들이 사회 변화를 위한 전략을 논의하는 공간을 마련했다.

그는 《아마우따》를 통해 페루 사회에 사회주의적 접근과 인디오 문제 해결의 필요성을 전파하며, 페루의 근본적인 개혁을 위한 논의를 확산시키고자 했다. 이 잡지는 페루의 다양한 사회 계층을 연결하며 사회적 변화를 촉진하는 중요한 매체로 기능했다. 결국, 『페루 현실 진단을 위한 일곱 편의 에세이』와 《아마우따》는 마리아떼기의 페루 사회 개혁을 위한 사상적·정치적 기반을 마련하는 데 중요한 역할을 했다.

(2) 사회주의 혁명의 목표

마리아떼기의 궁극적인 목표는 단순한 정치적 변화가 아니라, 페루와 라틴아메리카 전체의 구조적 혁명이었다. 그는 기존의 자본주의적 경제 구조가 페루를 더욱 빈곤하게 만들고 있으며, 이를 극복하기 위해서는 사회주의 혁명이 필수적이라고 주장했다. 특히 그는 원주민의 삶을 개선하는 것이 곧 페루 전체 사회의 발전을 의미한다고 보았으며, 경제적·문화적 혜택을 강화해야 한다고 강조했다.

마리아떼기의 사상은 라틴아메리카의 여러 사회주의 운동에 영향을 미쳤으며, 현대 사회주의 이론에서도 중요한 위치를 차지하고 있다. 그의 접근 방식은 단순한 이론적 적용을 넘어, 페루의

〈그림 3〉· 잡지 《아마우따》.
출처: ensayo-general.com.

역사적 맥락과 현실을 고려한 독창적 사회주의 모델을 제시하는 것이었다. 그는 사회주의 혁명을 통해 페루와 라틴아메리카를 근본적으로 변화시키고자 한 실천적 혁명가였다.

결국, 마리아떼기는 페루 사회의 구조적 모순을 해결하고자 한 독창적이고 혁신적인 사상가였다. 그는 단순히 마르크스주의를 수용하는 것이 아니라, 페루의 현실에 맞는 사회주의 모델을 구상하고 실천하려 했다. 그의 아이디어는 오늘날까지도 페루와 라틴아메리카의 정치적·사회적 논의에서 중요한 영향을 미치고 있다.

이 글은 마리아떼기의 사상을 중심으로 페루 경제 발전과 원주민의 역할을 분석하는 데 초점을 맞춘다. 먼저 원주민의 생활상을 역사적 맥락에서 살펴보고, 그들이 왜 경제적으로 하층민 상태에서 벗어나지 못했는지를 사회·경제적 구조 분석을 통해 규명하고

자 한다.

이를 통해 원주민의 삶의 질을 향상시킬 가능성과 해결책을 탐색하며, 마리아떼기가 제시한 인디헤니스모 운동의 핵심 요소를 검토한다. 또한 그가 원주민 문제 해결을 위해 제안한 전략과 전망을 분석하며, 원주민을 국가의 삶에 포함시키려는 통합적이고 미래 지향적인 접근법을 조명하고자 한다.

2 페루의 경제 환경과 원주민의 삶

페루의 원주민들은 오랫동안 공동 경작과 집단 노동을 기반으로 생활하며, 토지를 경제 활동의 핵심 요소로 삼아 왔다. 잉카 제국 시대부터 원주민들은 협력을 통해 지속 가능한 경제 구조를 형성했으며, 안정적인 식량 공급과 사회적 연대를 바탕으로 번영을 누렸다. 그러나 16세기 스페인 정복자들이 들어오면서 기존의 경제 체계가 급격히 붕괴되었다.

스페인 정복자들은 페루를 자신들의 경제적 이익을 위한 식민지로 전락시키기 위해 기존의 공동 노동 방식을 해체하고 새로운 경제 모델을 도입했다. 특히 사회주의적 공동 경작 방식 대신 봉건적 경제 구조를 강제적으로 적용하며, 원주민 공동체를 개별적 노동 단위로 분할했다. 그러나 페루에서 봉건제가 쉽게 자리 잡지 못한 이유 중 하나는 노동력 부족이었다.

당시 정복자들의 이민자는 많지 않았으며, 대다수가 부왕, 성직자, 군인이었고 수도 리마에 집중되어 있었다. 리마의 원주민들 또한 귀족, 성직자, 상공인이 대부분이었으며, 노동을 담당하는 인구는 극히 적었다. 이로 인해 스페인은 아프리카에서 흑인 노예를 수입하고, 중국인 노동자를 도입하여 노동력을 충당할 수밖에 없었다. 이러한 과정에서 페루는 봉건제와 노예제가 혼재하는 독특한 경제 체계를 형성하게 되었다.

스페인 정복자들은 특히 안데스산맥의 광산 개발에 집중하며 경제적 이익을 극대화하고자 했다. 그 결과, 페루의 경제 구조는 광산 중심으로 재편되었으며, 다른 산업들은 상대적으로 저조한 발전을 보였다. 농업의 경우, 스페인 정복자들은 식량 자급보다는 페루를 금·은 채굴을 위한 생산 기지로 활용하려 했기 때문에 지역 균형 발전이 이루어지지 않았다.

(1) 페루 독립과 서구 자본주의의 유입

페루가 1820년 독립한 이후, 서구 자본주의 경제 체제가 본격적으로 유입되면서 경제 구조는 다시 한번 변화했다. 독립 후 페루는 경제적 번영을 희망하며 서구 국가들과 교류를 확대했고, 영국을 비롯한 서구 국가들은 페루의 자연 자원을 경제적 이익을 위한 원료 공급원으로 활용하기 시작했다. 초기에는 페루의 금과 은이 주요 경제적 자원이었으나, 이후 구아노(guano)와 초석이 주목받기 시작하며 페루 경제의 중심으로 자리 잡았다.

구아노는 남미 서해안 지역에 퇴적된 해조의 분비물로서 비료로 사용되었으며, 초석은 화약의 원료로 활용되었다. 스페인이 주로 금과 은에 관심을 보였던 것과 달리, 영국과 미국은 구아노와 초석의 경제적 가치를 더욱 높게 평가했다. 특히 미국에서 대형 금광이 발견되면서 라틴아메리카의 금·은 가격이 하락했고, 상대적으로 구아노와 초석의 경제적 가치가 상승하게 되었다.

구아노와 초석은 해안에서 쉽게 채굴할 수 있으며 운송도 간편하여 페루 경제에 활황을 불러왔다. 그러나 외국 자본의 급격한 유입은 페루 경제의 외세 의존도를 심화시켰고, 철도와 교통 인프라 또한 서구 제국주의 국가들의 이익을 위해 사용되었다. 이러한 변화 속에서 페루 부르주아 계급이 형성되었으며, 경제적 권력을 독점하게 되었다.

경제 구조적으로 페루는 해안 중심의 자본주의 경제와 산악 중심의 농업 경제라는 이중 구조로 양분되었다. 해안 지역에서는 부르주아 계급이 형성되었지만, 산악 지역에서는 여전히 토지 농업이 중심을 이루었으며, 원주민들은 빈곤한 삶을 지속해야 했다. 이러한 경제적 불균형은 사회적 갈등을 심화시키는 원인이 되었다.

(2) 20세기 초 페루 경제와 원주민 문제

미국과 영국의 경제적 영향력이 확대되면서 페루 경제는 더욱 외국 자본에 종속되었다. 1891년 영국이 '페루 법인'을 설립하고 철도 조차권을 65년간 획득했으며, 1901-1902년에는 미국이 '쎄로 데 빠스꼬 법인'을 설립하여 페루 광산의 90퍼센트를 장악했다. 이에 따라 1920년이 되면 페루 수출의 80퍼센트, 수입의 70퍼센트가 미국과 영국을 상대로 이루어지는 극단적 상황이 연출되었다.

자본주의 경제 체제가 자리 잡았지만, 원주민들의 노동력 부족 문제는 여전히 해결되지 않았다. 원주민들은 기존의 집단 노동 구조를 유지하려 했지만, 경제 변화 속에서 전통적인 협동 체제가 붕괴되었고, 도시와 해안 지역으로 점차 이동하게 되었다.

'엔간체(enganche)' 제도는 이러한 과정에서 더욱 강화되었다. 이는 농장과 광산 소유주가 지역 상인들에게 돈을 빌려주고, 상인들이 그 돈을 다시 농민들에게 빌려주되 일정 기간 노동을 제공해야 하는 조건을 붙이는 방식이었다. 이를 통해 광산과 농장 소유주들은 노동력을 안정적으로 확보할 수 있었지만, 원주민들은 강제적인 노동 착취를 당하는 상황이 지속되었다.

1920년대에 이르러 원주민들의 불만이 고조되면서 일부 원주민들은 지역을 탈출하는 방법을 선택하기도 했다. 그러나 정부는 도망가는 원주민들을 추적하기 위한 법률을 제정하며 노동력을 통제하려 했다. 한편, 중부 내륙 지방에서 '쎄로 데 빠스꼬 법인'이 설립되면서 원주민 노동력 부족 현상이 더욱 심화되었다.

도시와 공장 노동이 확대되면서 원주민들은 점차 프롤레타리아 계급을 형성하게 되었으며, 이는 이후 노동 투쟁의 기반이 되었다. 1904년 까야오 부두 노동자 파업과 1911년 직물 노동자 파업을 비롯하여 원주민 노동자들의 저항 운동이 점차 조직화되었다. 결국 1921년에는 원주민 지역 노동자 연맹이 결성되었으며, 정부의 탄압에도 불구하고 원주민들의 혁명적 움직임은 계속되었다.

20세기 초반 페루의 산업 발전은 전역에서 원주민의 노동력을 필수적으로 요구했다. 산악 지역에서는 광산 채굴, 도시에서는 근대적 공장 운영, 해안에서는 대규모 플랜테이션 농업, 고지대에서는 목축업이 주를 이루었으며, 이 모든 산업에서 원주민들의 노동력이 핵심적인 역할을 담당했다.

이러한 경제 구조의 변화는 원주민들의 전통적인 집단 협동 체제를 붕괴시키며, 개별적인 생존 방식으로 전환하도록 강요했다. 농촌 공동체에서 벗어난 원주민들은 점차 도시와 해안 지역으로 이동하며 산업 노동자로 자리 잡았다. 결국, 1930년대에는 각 산업 분야에서 원주민들이 프롤레타리아 계급을 형성하게 되었다.

페루의 근대 산업과 자본주의 경제가 성장하는 과정에서 원주민들은 주요 노동력으로 기여하면서도 가장 취약한 위치에 놓였다. 그러나 그들은 단순히 착취당하는 계층에 머물지 않고, 점차 조직적인 사회적 저항을 형성하기 시작했다. 이러한 경제·사회적 배경 속에서 마리아떼기의 인디헤니스모 사상이 발전할 토양이 마련되었으며, 그는 사회주의 혁명을 통해 페루와 라틴아메리카의 구조적 변혁을 이루어야 한다고 주장했다.

3 원주민, 토지 그리고 봉건 제도의 문제

스페인 식민지 시대부터 독립 후 공화국 시대에 이르기까지, 원주민들은 늘 노동력 제공자로만 여겨졌다. 그들은 단순히 농업뿐만 아니라 주물공장, 섬유공장, 수출용 사탕수수와 면 농장 등 다양한 산업에서 필수적인 역할을 수행했지만, 그 과정에서 극심한 노동력 착취가 이루어졌다. 이러한 착취는 결국 원주민들이 산악 지역의 토지를 떠나게 만들었고, 이는 오늘날까지도 원주민들이 빈곤과 교육 부족에서 벗어나지 못하는 주요한 원인이라는 것이 마리아떼기의 분석이다.

마리아떼기는 이러한 문제를 독립 후 페루 공화국 정부의 책임으로 돌린다. 식민지 시대의 부왕 체제는 그렇다 치더라도, 민중의 힘으로 쟁취한 독립 정부는 원주민들의 삶을 개선해야 할 의무가 있었다. 그러나 오히려 독립 정부는 원주민들을 더욱 심각한 빈곤과 소외 상태에 빠뜨렸으며, 결과적으로 원주민들에게는 새로운 형태의 지배계급으로 받아들여졌다.

(1) 원주민 착취와 토지 문제

원주민들은 잉카 시대 이전부터 땅을 단순한 생계 수단이 아닌 삶의 근원과 영적인 안식처로 여겨왔다. 그들은 땅에서 생명이 태어나고 다시 땅으로 돌아간다는 사고방식을 가졌으며, 이는 거의 종교적 신념과도 같았다. 그렇기 때문에 그들은 식민지 시대에는 봉

〈그림 4〉· 마리아떼기는 빈곤한 원주민 문제 해결을 위한 토지개혁을 주장했다.
출처: elmontonero.pe

건제 아래에서, 독립 후에는 소작농으로 살아가는 현실을 받아들일 수 있었다. 그러나 시간이 흐르면서 현재의 열악한 상황에서 벗어나야 한다는 자각이 생겼고, 이에 따라 권익 보호 운동이 시작되었다. 이에 맞서 정부는 대농장과 광산주들에게 '엔간체'라는 비인간적 노동 착취 제도를 공식적으로 인정해 주었다.

 마리아떼기는 20세기에도 여전히 빈곤에 시달리는 원주민들의 문제를 해결하는 것이 페루 사회와 경제를 바로 세우는 핵심 과제라고 확신했다. 그는 페루가 식민지 시절 노동력 부족을 해결하기 위해 아프리카와 아시아에서 노예를 수입하는 대신, 원주민들의 생활 환경을 개선하면서 그들을 경제 활동으로 참여시켰어야 한다고 주장했다. 하지만 원주민들은 자신의 땅을 떠나 도시로 이동하는 것을 꺼려했으며, 이는 그들이 토지를 삶의 필수적인 요소로 여겼기 때문이었다. 결국, 정부가 원주민들의 사고방식을 충분히 이해하지 못하면서 그들의 빈곤과 착취가 지속되는 결과를 초래했다.

마리아떼기는 원주민 문제를 토지 문제와 연결지어 해석했다. 그는 원주민 문제의 핵심이 바로 토지 소유와 노동 구조에 있으며, 이를 해결하지 않는 한 페루 사회의 진정한 개혁은 불가능하다고 보았다. 그의 저서 『페루 현실 진단을 위한 일곱 편의 에세이』에서도 원주민 문제와 토지 문제를 집중적으로 다루었으며, 그는 사회·경제적 관점에서 원주민 문제를 바라보는 것이 유일한 해결책이라고 주장했다. 그의 관점은 급진적일 수 있으나, 그는 흔들림 없는 확신을 가지고 있었다.

마리아떼기의 원주민 문제에 대한 분석은 페루 경제 구조와 토지 소유 제도에 깊이 뿌리내린 구조적 문제에 초점을 맞춘다. 그는 원주민의 사회적·경제적 소외가 단순한 행정적 조치나 법률 개정으로 해결될 수 없다고 주장하며, 봉건적 지배층인 호족들이 존재하는 한 모든 개혁은 표면적인 조치에 불과하다고 보았다.

특히 가모날리스모는 마리아떼기가 비판한 가장 강력한 억압 구조 중 하나였다. 그는 이 체제가 원주민 보호를 위한 법적 장치들을 무력화하고, 원주민들을 지속적으로 착취하는 원인이 된다고 지적했다. 이러한 구조적 문제를 해결하기 위해서는 단순한 법적 개혁이 아니라, 사회주의적 방식의 토지 개혁과 경제 구조의 근본적인 변혁이 필요하다고 주장한 것이다.

결국, 마리아떼기의 관점에서 원주민 문제를 해결하려면 경제 구조와 토지 소유 형태를 근본적으로 개혁해야 하며, 이는 페루 사회의 전체적인 변혁 없이는 불가능하다는 결론에 도달한다. 이러한 시각은 그의 사회주의 혁명론과 깊이 연결되어 있으며, 오늘날까지도 라틴아메리카 사회운동에서 중요한 논의의 초점이 되고 있다.

(2) 가모날리스모와 봉건제의 억압 구조

마리아떼기는 가모날리스모를 봉건제와 동일시하며, 이를 원주민들이 사회에서 존립할 수 없는 구조적 원인으로 본다. 그는 페루 국가 자체가 가모날리스모의 연장선에 있으며, 법의 공정한 집행이 가로막혀 그 최대 피해자가 원주민이라고 주장한다. 현재 원주민들이 겪는 물질적·도덕적 참상은 식민 시대부터 이어진 가모날리스모 체제의 결과물이며, 이는 단순한 경제적 문제가 아니라 사회적 구조의 문제라는 것이 그의 입장이다.

그는 가모날리스모를 단순한 지방 호족제 이상으로 해석하며, 대지주와 대농장주뿐만 아니라 관료, 중개업자, 대리인, 기득권층을 포함하는 구조적 문제로 본다. 가모날리스모가 존재하는 한, 원주민들은 착취의 대상이 될 수밖에 없으며, 심지어 교육받은 원주민조차도 자신의 종족을 착취하는 자로 변할 위험이 크다는 것이 그의 비판이다. 결국, 가모날리스모가 사라지지 않는 한 페루 사회에서 원주민의 해방은 가능하지 않다는 것이 마리아떼기의 결론이다.

어느 지역이든 그 지역에서 가장 강력한 권력자는 호족들이며 그들은 중앙 정부의 권력자들과 연결고리를 형성하고 있다. 그래서 지방 관료들도 그들의 말을 거스를 수 없을 정도였다.

1918년에는 호세 엔씨나스 박사가 '원주민 보호 법안' 작성을 위한 연구를 한 적도 있었는데, 이 당시에도 외부의 압력으로 인해 정부와 교회 소유의 토지 분배를 골자로 한 제안서를 올리는 데 그치고 말았다. 대지주 소유의 토지를 분배하자는 주장조차 할 수 없는 상황이었다. 그러나 그의 제안서는 그 이후 원주민 문제에 대한 많은 학자들의 관심과 비판의 출발점이 되었다.

인디헤니스모를 적극적으로 지지하는 곤살레스 쁘라다는, 원주민의 생활 향상을 위해서 필요한 것은 교육이 아니라 실질 수입의 증가라고 말한다. '학교'가 아니라 '빵'이 필요하다는 것이다. 이를 위해서는 노동하는 사람과 노동의 결과로 혜택을 받는 사람이 동일해야 한다. 그렇지 않을 경우 노동력 착취와 빈익빈 부익부가 심화된다. 그래서 엔씨나스는 원주민의 생활 향상을 위한 필수조건으로 토지 노동으로 인한 부의 축적을 꼽는다.

그러나 실제 상황에서는 결과가 다르게 나타난다. 원주민들은 노동을 하면 할수록 재산을 형성하는 것이 아니라 오히려 그 반대로 빈곤이 악화될 뿐이다. 노동력만을 착취당하는 것이다. 노동과 수익의 괴리 현상이 심각해지는 것이다. 호족들도 과거의 엔꼬멘

데로(encomendero)들처럼 행정적인 논리를 전혀 두려워하지 않는다. 그러한 이유 중 가장 중요한 것은 대지주들의 무제한 토지 소유 때문이다.

결국 마리아떼기는 원주민 문제의 해결은 토지 문제의 해결을 통해서만 가능하며, 토지 문제의 해결은 봉건제의 폐지가 유일한 방법이라고 주장한다. 그는 봉건제를 정확하게 나타내는 두 가지 의미소를 언급한다. 하나는 '대농장 제도'이고 또 하나는 '노예 제도'이다. 그는 대농장을 없애지 않고서는 원주민을 억압하는 노예제도를 청산할 수 없다고 확언한다. 즉 노예제를 없애기 위해서는 대농장을, 대농장을 없애기 위해서는 봉건제를 없애야 한다는 논리다. 봉건제를 없애는 가장 자연스러운 방법은 부르주아 민주주의 정권의 확립이며, 궁극적으로 자본주의에서 사회주의로 전이되면 원주민의 인권 보장과 생활 향상이 보장되는 낙원을 만들 수 있다는 것이 마리아떼기의 생각이다. 그러나 페루에서는 아직 자본주의 체제가 정립되지 않았기 때문에, 마리아떼기는 자본주의 발달 단계를 건너뛴 사회주의 혁명 단계에로의 직접적 진입을 주장한다.

(3) 사회주의 혁명과 원주민 단결

마리아떼기는 『페루 현실 진단을 위한 일곱 편의 에세이』에서 교육적, 도덕적, 법률적 시각 등 다양한 측면에서 원주민 문제 해결 방법을 찾아보았다. 그러나 그 모든 방법들은 피상적이고 비효과적이라는 결론을 내리고 있다. 그리고 오직 사회주의 혁명만이 현재의 상태를 완전히 바꾸고 원주민을 해방시킬 수 있다고 주장한다. 국가와 지방 호족들이 긴밀한 관계를 유지하고 있는 현 상황 하에서는 원주민에게 법적 권리가 미칠 수 없으며, 법과 제도의 사각지대에 있는 원주민들이 스스로를 지키기 위해서는 현실 인식을 올바로 하고 혁명적 사회주의를 이룩해야 한다는 것이다. 마리아떼기는 이것을 선택의 문제가 아니라 역사적 숙명이라고 역설한다.

사회주의 혁명을 완수하는 데 있어서 마리아떼기가 우려하는 것은, 대부분 문맹인 원주민 농민들과 백인 혹은 메스티소 혁명 주동자들과의 의사소통 문제이다. 언어의 장벽을 느꼈던 것이다. 그러나 현실에서는 원주민을 상대로, 그리고 원주민에 의한 적극적인 홍보가 이루어진다면, 이 문제는 극복할 수 있다고 전망한다. 그러면 원주민들은 곧 사회주의 이론에 동참할 수 있으리라고 확신한 것이다.

원주민을 상대로 한 홍보 전략이 조직적이지 못한 것은 사실이었다. 기본적으로 가모날리스모가 원주민의 교육을 반대 내지 방해했다. 그들끼리의 원활한 의사소통도 불가능했다. 글을 깨우친 몇 안 되는 원주민들은 곧 착취자들의 편에 서서 자신들의 형제들을 더욱 괴롭히는 존재로 변모하기 일쑤였다. 그럼에도 불구하고 많은 원주민 도시 근로자들은 혁명적 분위기에 힘입어 사회주의 이론에 공감한다. 그리하여 자신들의 사고를 바꾸는 한편 착취자의 편에 선 원주민에 대한 분노의 감정을 쌓아 가고, 이러한 감정이 사회주의 혁명의 원동력이 될 것이라고 마리아떼기는 생각한 것이다. 왜냐하면 페루의 신세대 청년들은, 전체 인구의 5분의 4가 원주민과 농민들인 페루 민중의 안녕을 의미하지 않는 페루의 발전은 허구이며, 그렇지 않다면 그것은 최소한 페루의 발전은 아니라는 사실을 절실히 느끼고, 알고 있기 때문이다.

그래서 마리아떼기는 원주민 문제를 정치적, 제도적, 인종적인 문제가 아니라, 사회 전체의 구조적 문제라고 지적하는 것이다. 따라서 그는 궁극적으로 원주민 문제의 해결도 사회적인 해결이 되어야 하며 그것을 이루는 주체도 원주민 자신이어야 한다고 생각한다. 원주민 문제 해결에 원주민 스스로의 노력과 분발을 촉구한 점이 주목할 만하다. 이러한 마리아떼기의 주장에 영향을 받은 원주민 의회의 모습도 변모하기 시작했다. 그동안 관료주의에 물들어 명확한 개혁 프로그램조차 마련하지 못했던 원주민 의회는 각 지역 원주민에게 성명서를 배포하고 정확한 투쟁 노선을 제시하기에 이른 것이다.

인디헤니스모가 성공을 거두기 위해서 마리아떼기는 가장 중요한 원칙 하나를 제시한다. 원주민의 단결력 강화다. 마리아떼기는 원주민에게 있어서 민족적 결합력이 약하다고 지적한다. 원주민이 스스로 단결하지 않으면 권리 향상이 불가능한 것은 물론, 모두가 공멸할 것이라는 강한 메시지를 보내는 것이다. 원주민의 사회 인식과 공동체 의식을 일깨우기 위한 노력이다. 마리아떼기는 400만 명에 달하는 원주민들이 단지 비조직적 대중, 분열된 군중에 불과하다면 그들은 자신들의 역사적 행로를 결정할 능력이 없는 사람들이라고 강하게 주장한다.

지금까지 살펴보았듯이 마리아떼기는 페루의 원주민 문제를 행정적, 법률적, 도덕적, 종교적 혹은 교육적인 문제라고 생각하는 부르주아적인 경향들을 비판하면서 새로운 사회주의적 전망을 제시했음을 알 수 있다. 이러한 마리아떼기의 노력은 원주민들의 문화적, 인종적 특성을 그대로 인정하면서 그들의 생활 근거가 되는 토지와 노동 문제를 사회적, 경제적인 관점에서 해결하도록 접근해야 한다는 당위성을 주장하려는 것이다. 또한 그러한 접근법이야말로 페루성을 회복해 가면서 페루 전체를 통합하는 출발점이 될 것이다.

4 마리아떼기의 원주민 문제 해결 전략: 토지 개혁과 사회주의 혁명

중남미의 모든 나라들이 페루와 똑같은 원주민 문제를 경험한 것은 아니다. 각 나라들마다 원주민의 인구분포도가 다르고, 그에 상응해서 그들이 미친 사회적 영향력도 다르기 때문이다. 그러나 페루를 위시해서 볼리비아, 에콰도르 같은 나라들은 인구 면에서부터 원주민의 비중이 상대적으로 높기 때문에 그들의 사회적, 경제적 비중 또한 매우 크다. 이 나라들에서는 원주민의 지위 향상 운동이 곧 사회 전체 혹은 민중 전체적인 지위 개선 운동이라 할 수 있을 정도이다.

이토록 중요한 인디헤니스모 운동을 성공적으로 달성하기 위해서 마리아떼기는 몇 가지 정책적 대안을 제시한다. 원주민 문제는 곧 토지의 문제라는 시각이 대안의 출발점이다. 원주민의 후진성과 비참함의 근원은 노예 제도이며, 봉건적 대농장 제도가 원주민 원주민을 계속해서 착취하고 지배하는 기둥이라고 본다. 그러므로 호족에 대한 원주민 투쟁의 초점은 자연스럽게 유산계급의 압제로부터 자신들의 땅을 보호하려는 데 맞춰진다. 그런 이유로 그들의 지위 향상 운동은 곧 '토지 회복 운동'을 의미한다. 이런 의미에서 마리아떼기는 정책적 차원에서의 원칙을 제시한다. 그의 저서 『페루를 페루답게 만듭시다』에 나타난 농업 정책의 원칙 몇 가지를 요약해서 살펴보면 다음과 같다.

1. 토지 국유화
- 농업 정책의 시작점은 토지를 국유화하는 것이지만, 이는 국가의 경제적 상황에 맞춰 조정되어야 한다.
2. 집단 공동체 보호 및 강화
- 기존의 가모날리스모 체제에서 벗어나, 원주민들의 집단 공동체를 중심으로 농업을 운영하는 방식이 필요하다.
- 이러한 공동체 구조는 봉건적 착취를 방어하고, 현대적 사회주의 실현의 핵심 요소가 된다.
3. 자본주의적 개발의 제한적 허용
- 농업이 근대화된 토지에서는 효율성이 유지되는 동안 자본주의적 개발을 허용한다.

- 국가는 노동법과 공중위생법 준수를 엄격하게 감독해야 한다.
4. 공동 생산 장려를 위한 농가 금융 지원
- 농민들에게 여신(대출)을 확대하여 공동 생산을 촉진하는 정책이 필요하다.
5. 미개간 토지의 소작농 이전
- 지주가 경작하지 않은 토지는 소작농들에게 소유권을 이전해야 한다.
- 이를 통해 농업 생산성을 높이고, 인디오들의 자립을 지원할 수 있다.
6. 농업 교육 확대
- 국가는 농업 교육을 강화하여 농민들에게 실제적이고 유용한 지식을 제공해야 한다.

이상은 농업 정책 전반에 관한 커다란 테두리에서의 윤곽을 제시하는 수준에서의 언급이다. 그보다는 좀 더 구체적이고 현실적인 문제의 개선을 제시하기도 한다. 즉, 조직 결사의 자유, '엔간체'의 폐지, 임금 인상, 8시간 노동제, 노동법 준수 등이 그것이다. 마리아떼기는 최소한 이런 사항들만 지켜져도 원주민 노동자들의 해방이 이뤄질 것이라고 역설한다.

위에서 말한 마리아떼기의 제안 중에서, 그가 원주민 고유의 '집단 공동체'를 옹호하고 있다는 점은 매우 흥미롭다. 마리아떼기는 『이데올로기와 정치』에서도 집단 공동체의 유용성을 설파하고 있다. 그는 가장 혹독한 압제하에서도 진정으로 놀랄 만한 지속성과 저항성을 보여준 '집단 공동체'는 페루에서 토지의 사회화를 위한 자연스러운 요인이 무엇인가를 잘 보여주고 있다고 지적한다. 집단 공동체의 장점이 많이 있겠지만, 특히 농민들의 삶의 원천인 땅을 항상 가까이 한다는 점과, 협동심과 단결력이 자연스럽게 형성된다는 점을 높이 산 것으로 평가된다.

실제로 마리아떼기는 노동자, 농민들의 공동체 의식을 매우 중시한다. 그래서 노동조합을 통한 원주민의 계몽 활동과 의식화가 필요하다고 생각한다. 물론 농민들과 임금 노동자들을 위한 노조의 계몽 활동이 대농장에 침투할 여지는 매우 희박하다. 각각의 대농장은 그 자체가 봉건 영지와 다름없으니 말이다.

교통수단의 발달로 점차 외부와의 접촉이 활발해지고 운송 노동자들의 활발한 운동으로 페루 농민들의 노동조합 운동이 시작된다. 대농장의 노동자, 농민들이 노조의 가치를 인정하고 형제애적인 결속력을 느끼는 순간 그들의 투쟁 의지는 불타오르게 될 것이라고 전망한다.

그리고 마리아떼기는 노동조합이 원주민 노동자들에게 정치적·사회적 각성을 제공하는 중요한 수단이 될 것이라고 보았다. 노동조합의 핵심 세력들은 노동자와 농민들에게 권리를 인식시키고, 그들의 이익을 보호하며, 항의하는 방법을 가르치는 역할을 한다. 이러한 과정을 거친 원주민 노동자 계급은 노동자 전위 조직과 연대하여 노동운동과 정치 투쟁에 참여하게 될 것이라고 분석했다.

그러나 그는 원주민들이 공용어보다는 부족어를 사용하려는 특성 때문에, 노동 조직화 과정에서 의사소통의 어려움과 긴 시간이 필요할 것이라고 전망했다. 하지만 사회주의 이념이 확산되면 원주민들은 강한 신념을 가지고 사회주의를 지지하게 될 것이며, 이는 그들의 행동 규범으로 자리 잡을 것이라고 확신했다.

결국 마리아떼기는 소수의 프롤레타리아 계급이 사회주의 혁명을 수행할 때, 원주민 노동자 계급을 혁명의 동력으로 삼기 위해서라도 사회주의 이념 교육이 반드시 필요하다고 강조했다.

5 원주민 문제 해결에 대한 긍정적 전망

마리아떼기는 페루의 역사 속에서 원주민 문제를 단순한 사회적 차별이나 인종적 이슈로 보는 것이 아니라, 구조적 문제로 접근해야 한다고 강조했다. 그는 페루 사회의 발전을 위해 원주민 문제 해결이 필수적이며, 이를 방치하는 것은 국가의 경제적·사회적 성장을 저해하는 것이라고 주장했다.

그의 분석에서 가장 핵심이 되는 부분은 원주민 문제와 토지 문제의 밀접한 관계이다. 그는 원주민들이 착취당하는 근본적인 원인이 봉건적 토지 소유 구조와 가모날리스모 체제에서 비롯되었다고 보았다. 따라서 원주민 문제를 해결하려면 토지 개혁을 통한 경제 구조의 변혁이 우선적으로 이루어져야 한다고 강조했다.

마리아떼기가 제시한 해결책의 핵심은 사회주의 이념을 적용하는 방식이었다. 그러나 그는 유럽식 마르크스주의를 그대로 받아들이는 것이 아니라, 페루의 현실을 제대로 분석하고 재해석하는 방법으로 사회주의를 활용했다. 이 점에서 그는 창조적 마르크스주의자이자 라틴아메리카 민족주의적 마르크스주의의 선구자로 평가된다.

1920년대에는 아야 데 라 또레와 함께 페루 사회주의 혁명을 통한 원주민 문제 해결이라는 목표를 공유했지만, 1930년대에 접어들면서 아야 데 라 또레가 기득권층을 포섭하기 위해 점차 우경화하면서 두 사람의 입장이 갈라졌다. 마리아떼기는 페루 APRA(아메리카 혁명인민동맹)당이 원주민 문제 해결에 대한 근본적인 해결 의지를 보이지 못하고 점점 현실 정치에 타협하는 모습을 비판하며, 사회주의 혁명의 원칙을 견지해야 한다는 입장을 유지했다.

마리아떼기의 사회주의는 단순한 이론이 아니라 원주민 문제 해결을 위한 현실적인 방법론이었다. 그는 잉카 시대부터 이어져 온 집단 공동체 구조를 모델로 삼아야 한다고 주장하며, 협동과 단결을 바탕으로 한 공동체가 페루 사회주의 실현의 중요한 요소가 될 것이라고 보았다.

특히 그는 과거의 잉카 시대나 식민 시대를 역사적 교훈으로 삼을 수 있지만, 그 시대로 돌아가려는 회고적 접근은 경계해야 한다고 주장했다. 그는 페루 사회의 미래를 위한 변혁이 필요하며, 원주민들은 현대 사회 속에서 사회적 통합을 이루어야 한다는 점을 강조했다.

결국 마리아떼기는 원주민 문제를 해결하기 위해서는 경제 구조 개혁과 토지 개혁이 필수적이며, 이를 위해 사회주의 혁명이 필요하다는 입장을 견지했다. 그는 원주민들이 국가의 한 부분으로 복귀하고, 사회의 일원으로 통합되어 자신들의 능력을 발휘할 수 있도록 해야 한다고 확신했다. 이러한 이유로 그는 인디헤니스모 운동이 성공할 수 있다는 긍정적인 전망을 지속적으로 유지했다.

참고문헌

제1장 라틴아메리카 독재자 소설과 폭력의 문학적 재현

Enrique Anderson Imbert, "Análisis de El Señor Presidente", en *Revista Iberoamericana*, Tomo XXXV, No. 67, Enero-abril, 1969.

Gabriel García Márquez, *El otoño del patriarca*, Madrid: Libro de bolsillo, 2003.

Graciela Paula De Nemes, *Hispámerica*, No. 11-12, 1975.

Michael Palencía-Roth, *Gabriel García Márquez-La línea, el círculo y las metamorfosis del mito*, Madrid: Gredos, 1983.

Miguel Ángel Asturias, *El Señor Presidente*, Madrid: Alfaguara, 2020.

Seymour Menton, "La novela experimental y la república comprensiva de Hispámericana", recogido en Juan Loveluck, *La novela hispanoamericana*, Santiago de Chile: Editorial Universitaria, 1969.

W. Mauro & E. Clementelli, *Los escritores frente al poder*, Barcelona: Luis de Caralt, 1975.

제2장 군부 독재 시대에 대한 집단적 기억과 증언

에두아르도 갈레아노, 「현대사회는 의사소통이 단절되는 사회로 치닫고 말 것인가?」, 피에르 부르디외 외 23인, 최연구 옮김, 『프리바토피아를 넘어서』, 백의, 2003.

_____, 「새로운 비행으로의 초대」, 코피 아난 외 14인, 이창식 옮김, 『60억 번째 세계시민에게 보내는 편지』, 들녘, 1999.

Alvaro Barros-Lémez, "La América Latina: lucha, exilio y narrativa en la obra de Eduardo Galeano", en *Casa de Las Américas*, No.166, Año XXVIII, 1988.

Diana Palaversich, *Silencio, voz y escritura en Eduardo Galeano*, Montevideo: Luis A. Rella Libros Editor, 1995.

Eduardo Galeano, *Días y noches de amor y de guerra*, Montevideo: Arca Editorial, 1978.

_____, "Defensa de la palabra", en *Contraseña*, Buenos Aires: Ediciones del Sol S.A, 1985.

_____, *El libro de los abrazos*, Montevideo: Imprenta Rosgal S.A, 1999.

Hortensia Campanella, "La memoria insustituible", en *Cuadernos hispanoamericanos*, No.346, Abril, 1979.

제3장 폭력의 역사와 문학적 기억

마누엘 뻬레이라, "마르께스와의 대담", 가브리엘 가르시아 마르께스, 홍보업 옮김, 『아무도 대령에게 편지하지 않다』, 민음사, 1977.

Angel Rama, "Un novelista de la violencia americana", en García Márquez, Madrid: Taurus, 1981.

Ernesto González Bermejo, "Gabriel García Márquez: Ahora doscientos años de soledad", Casa de las Américas. La Habana, 1970.

Escobar M. Augusto, *Imaginación y Realidad en "Cien años de soledad"*, Medellín: Ediciones Pepe, 1981.

Gabriel Fonnegra, *Las Bananeras: un testimonio vivo*, Bogotá: Círculo de Lectores, 1986.

Gabriel García Márquez, *La Hojarasca*, Bogotá: Editorial Oveja Negra, 1988.

_____, *Cien años de soledad*, Barcelona: Círculo de Lectores, 1971.

_____, *El coronel no tiene quien le escriba*, Bogotá: Editorial Oveja Negra, 18a. edición, 1989.

Gustavo Alfaro, *Constante de la historia de Latinoamérica en Gabriel García Márquez*, Cali: Biblioteca Banco Popular, 1979.

John Barth, "The Literature of Replenishment", in *The Friday Book: Essays and Other-Fiction*, New York, Putnam, 1984, p. 204.

John Updike. "Chronicles and Processions", *The New Yorker*, 14 March 1988, p. 113.

L. A. Costa Pinto, *Voto y Cambio Social*, Bogotá: Ediciones Tercer Mundo, 1971.

Lucila Inés Mena, "Cien años de soledad: novela de la violencia", *Hispamérica*, No.5, 1976.

Mario Vargas Llosa, *Gabriel García Márquez: Historia de un deicidio*, Barcelona: Barral Editores, 1971.

Manuel Antonio Arango, *Gabriel García Márquez y la novela de la violencia en Colombia*, México: Fondo de Cultura Económica, 1985.

제4장 침묵을 넘어선 기록, 독재 정권에 맞선 내면의 목소리

고영직, 「칠레 작가 아리엘 도르프만—5월 봄날에, 우리는 '살아남기의 언어'를 나눴다」, 《신동아》, 6월호, 1998.

아리엘 도르프만, 「파국의 교훈—칠레의 쿠데타 이후 삼십 년」, 《창작과 비평》 겨울호(122호), 2003.

_____, 「우린 더 이상 삐노체뜨의 볼모가 아니다」, 《창작과 비평》 봄호(103호), 1999.

_____, 「나는 이민국 앞에 서 있었던 경계의 희생자」, 《경향신문》 2007. 7. 5. https://www.khan.co.kr/article/200707041744121

_____, 한기욱 옮김, 『우리 집에 불났어』, 서울: 창작과비평사, 1998.

_____, 김의석 옮김, 『체 게바라의 빙산』, 서울: 창비, 2004.

_____, 김명환 · 김엘리사 옮김, 『죽음과 소녀』, 서울: 창비, 2007.

현기영, 「세계문학의 대안적 목소리」, 《창작과 비평》 겨울호(101호), 1998.

Ariel Dorfman, *Cría ojos*, México: Editorial Nueva Imagen S.A, 1979.

_____, *La Nana y el Iceberg*, Barcelona: Seix Barral, 2000.

_____, *Reader's nuestro que estás en la tierra: ensayos sobre el imperialismo cultural*, México, D. F.: Nueva Imagen, 1980.

_____, *Viudas*, Madrid: Alfaguara, 1998.

제5장 사실과 허구의 조화를 통한 시대의 증언

Eduardo Galeano, "Un historiador de su propio tiempo", en Rita De Grandis, *Textos de y sobre Rodolfo Walsh*, Buenos Aires: Alianza Editorial, 2000, pp. 9-10.

Fabián Galdi, "Esa mujer, ninguna otra", en *Los Andes*, 2009. 1. 9, http://www.losandes.com.ar/notas/2009/1/9/mirador-402294.asp

Iván De la Torre, Peronismo versus escritores: entre el amor y el espanto(II), http://www.henciclopedia.org.uy/autores/Delatorre/Peronismo2.htm

Ricardo Piglia, "Rodolfo Walsh y el lugar de la verdad", en Rita De Grandis, *Textos de y sobre Rodolfo Walsh*, Madrid: Alianza Editorial, 2000, pp. 13-16.

Roberto Ferro, "Operación Masacre: Investigación y escritura", en Rita De Grandis y otros, *Textos de y sobre Rodolfo Walsh*, Buenos Aires: Alianza Editorial, 2000, pp. 139-166.

Rodolfo Walsh, *¿Quién mató a Rosendo?*, Madrid: 451 Editores, 2010.

_____, *Operación Masacre*, Buenos Aires: Ediciones de la Flor, 2003.

_____, *Los oficios terrestres*, Buenos Aires: Ediciones de la Flor, 2001.

제6장 호세 까를로스 마리아떼기와 인디헤니스모

Antonio Melis, "Mariátegui primer marxista de América", en Mariátegui, *tres estudios*, Lima: Biblioteca Amauta, 1971.

Armando Bazán, *Mariátegui y su tiempo*, Santiago, 1939.

César Augusto Reinaga, *El indio y la tierra en Mariátegui; contribuciones al análisis*, Mayor de San Marcos, 1963.

Diego Meseguer Illán, "José Carlos Mariátegui y el realismo literario marxista", *Textual*, Lima, No.5-6, 1976.

_____, *J. C. Mariátegui y su pensamiento revolucionario*, Lima: Instituto de Estudios Peruanos, 1974.

Jorge Falcón, *Amauta: polémica y acción de Mariátegui*, Lima: Amauta, 1979.

_____, *Anatomía de los 'Siete ensayos' de Mariátegui*, Lima: Amauta, 1978.

José Carlos Mariátegui, Defensa del marxismo: polémica revolucionaria, *Obras completas de J. C. Mariátegui*, Vol. 5, Lima: Biblioteca Amauta, 1959.

_____, Peruanicemos al Perú, *Obras completas de J. C. Mariátegui*, Vol. 11, Lima: Biblioteca Amauta, 1970.

_____, Siete ensayos de la interpretación de la realidad peruana,

Obras completas de J. C. Mariátegui, Vol. 2, Lima: Biblioteca Amauta, 1970.

Manuel Aquézolo Castro, eds., *La polémica del indigenismo*, Lima: Mosca Azul, 1976.

억압의 시대, 문학의 목소리
라틴아메리카 문학, 폭력을 증언하다

1판 1쇄 발행 2025년 7월 10일

지은이 | 유왕무
펴낸이 | 조영남
펴낸곳 | 알렙

출판등록 | 2009년 11월 19일 제313-2010-132호
주소 | 경기도 고양시 일산서구 중앙로 1455 대우시티프라자 715호
전자우편 | alephbook@naver.com
전화 | 031-913-2018, 팩스 | 031-913-2019

ISBN 979-11-89333-97-3 (93870)

* 이 책은 2019년 대한민국 교육부와 한국연구재단의 지원을 받아 수행된 연구입니다. (NRF-2019S1A6A3A02058027).
* This work was supported by the Ministry of Education of the Republic of Korea and the National Research Foundation of Korea(NRF-2019S1A6A3A02058027)

* 책값은 뒤표지에 있습니다. 잘못된 책은 바꾸어 드립니다.